CHRISTINA SCHÖFFLER • Warum ich da noch hingehe

CHRISTINA SCHÖFFLER

Warum ich da noch hingehe

Die Kirche, Jesus und ich

 neukirchener
verlag

Bibliografische Information der Deutschen Bibliothek:
Die Deutsche Bibliothek verzeichnet diese Publikation in der Deutschen
Nationalbibliografie; detaillierte bibliografische Daten sind im Internet über
http://dnb.ddn.de abrufbar.

© 2017 Neukirchener Verlagsgesellschaft mbH, Neukirchen-Vluyn
Alle Rechte vorbehalten
Umschlaggestaltung: Agentur 3Kreativ, Essen, unter Verwendung eines Bildes
von © Shutterstock Molodec und Solomnikov
Lektorat: Anja Schäfer, Hamburg
DTP: Magdalene Krumbeck, Wuppertal
Verwendete Schriften: Scala
Gesamtherstellung: Findir, s.r.o.
Printed in Czech Republic
ISBN 978-3-7615-6437-0 (Print)
ISBN 978-3-7615-6438-7 (E-Book)

www.neukirchener-verlage.de

*Für meine treuen Weggefährten bei den Jesus Freaks
Stuttgart.
Wir sind mitten in der Geschichte, ich bin gespannt, wie sie
weitergeht. Es ist mir eine Ehre, mit euch unterwegs zu sein.*

*Und für Caro, Tobi und Samuel:
Ich hoffe, ihr findet ein Leben lang euren Platz
an der Familientafel.*

Inhalt

Einleitung   9

1   Der Beginn der Reise   15
2   Der Familienclan   25
3   Jubeljahr   33
4   Aussortieren   45
5   Notaufnahme   57
6   Ent-täuscht   67
7   Die Botschafter   81
8   Das Staunen   89
9   Kinder, Kinder   101
10 Mittendrin   115
11 Ganz groß   125
12 Platz für die Liebe   139
13 Eins sein.   151
14 Der Esstisch   163
15 Die Nacht.   173
16 Warten im Dunkel   185
17 Die Auferstehung   195
18 Der Ort.   205

Epilog   215
Danke!   219
Anmerkungen und Quellenverzeichnis   220

Einleitung

Warum gehst du denn da noch hin?"
Diese Frage höre ich immer wieder. Sie wird mir gestellt von Freunden, die Kirche längst hinter sich gelassen haben, und manchmal auch im Kreis derer, die weiterhin Woche für Woche in eine Gemeinde oder Kirche gehen. Und oft spüre ich dahinter Frust und Enttäuschung, bei manchen auch eine große Müdigkeit. Warum tun wir uns das eigentlich noch an? Warum sollen wir da noch weiter hingehen? Man kann sich schließlich auch zu Hause auf dem Sofa eine Predigt nach Wunsch über Podcast anhören, eine Lobpreis-CD einlegen und zur Not einen Freund anrufen, um Gebet zu bekommen. Warum sich also den ganzen Stress mit der Kirche geben?

Ehrlich gesagt, frage ich mich das manchmal selbst. Wenn ich sehr entmutigt bin, dann grüble ich, ob wir eigentlich nur noch den Untergang verwalten. Ich denke darüber nach, dass die Blütezeit „meiner" Gemeinde doch schon lange vorbei ist und wir besser den Laden dicht machen sollten (was natürlich eine totale Anmaßung bedeutet, weil es ja nicht MEIN Laden ist!). Manchmal bin ich auch einfach nur sauer auf diejenigen, die weggeblieben sind und uns mit dem ganzen Chaos alleingelassen haben. Okay, *einfach weggeblieben*, das ist wohl niemand. Jeder hatte seine Gründe. Da waren auch Verletzungen, da war Schuld – auch meinerseits. Angesichts der langen Geschichte der Kirche sind meine gut vierzig Jahre lächerlich wenig, aber es hat gereicht, um zu erkennen, dass Kirchengeschichte eine Segensgeschichte ist, aber immer auch eine Schuldgeschichte. So ist das wohl. Weil die Menschen, die da hingehen, so sind. Heilige und Sünder. Und deshalb weiß ich, dass es viele nachvollziehbare Gründe gibt, warum Menschen sich von der Kirche verabschieden. Dass es für manche geradezu heilsam ist, eine Zeit lang wegzubleiben oder die Gemeinde zu wechseln.

Gründe fürs Wegbleiben

Mein Freundeskreis besteht zu einem großen Teil aus Leuten, die erst mal oder endgültig, nicht mehr „da hingehen". Und jeder hat seine Gründe. Manche sind enttäuscht von den Leuten und tragen schmerzhafte Verletzungen mit sich. Manche sind enttäuscht von Gott und finden in der Kirche keinen Raum für ihre Fragen und Zweifel. Einigen ist die Gemeindestruktur zu hierarchisch und festgefahren. Manche haben im Lauf ihres Lebens andere Prioritäten gesetzt: Der Gottesdienst beugt sich der Konkurrenz von schönem Wetter, Sport und Playdates der Kinder oder Tante Ernas Geburtstag. Andere sind beruflich oder durch die sozialen Netzwerke mit so vielen Menschen verbunden, dass sie einfach keinen Bedarf haben, am Sonntag noch mal einer neuen Gruppe von Menschen zu begegnen. Und viele können sich schlicht nicht mehr aufraffen, sich Kirche weiter anzutun. Irgendwann hat man scheinbar alle guten Predigten gehört. Irgendwann sind wiederkehrende Konflikte nur noch zermürbend und man will sich nicht den Rest des Lebens mit einer Gruppe von Leuten rumschlagen, deren theologische Meinung und Weltsicht sich stark von der eigenen unterscheidet.

Gleichzeitig spüre ich aber bei vielen eine starke Sehnsucht nach ehrlichen und tiefen Gemeinschaften, nach Orten der Gnade, an denen wir angenommen werden, so wie wir sind. Orten, an denen wir unsere Zweifel äußern und uns gegenseitig unterstützen und lieben können. Aber die Kirche scheint für viele nicht mehr der Ort zu sein, an dem sie diese Sehnsucht stillen können. Meine Freundin Veronika Smoor hat in ihrem Buch „Heiliger Alltag" darüber Folgendes geschrieben: „Leider ist Gemeinde momentan der Ort, an dem ich mich am wenigsten lebendig fühle. Ich habe keine Ahnung, wie ich meine Gemeindemüdigkeit bekämpfen kann oder ob ich sie überhaupt bekämpfen soll. Da sind noch so viele Fragen offen, die ich immer wieder Gott hinhalte. Das Feuer ist aus. Obwohl ich es mir wirklich, wirklich anders wünsche."[1]

Unter den ganzen Gründen, warum man *da nicht mehr hingeht,* ist der Grund „weil es der Ort ist, an dem ich mich am wenigsten lebendig fühle" ein besonders trauriger. Und irgendetwas in diesem Satz findet ein Echo in meiner eigenen Seele. Ich weiß genau, was sie damit meint. Manchmal ist Gemeinde für mich auch der Ort, der mich nicht lebendig, sondern total fertig macht.

Das Baby, das es zu schaukeln gilt

Aber es ist nicht immer so. Tatsache ist, dass ich die Gemeinde liebe – und das ist vielleicht gar nicht schlecht, wenn man darüber ein Buch schreiben will. Es gibt in meinem Leben nur Weniges, bei dem mich so die Leidenschaft packt, wenn ich darüber rede. Wahrscheinlich kann ich es auf genau drei „Dinge" reduzieren (meine Begeisterung für Achtziger-Jahre-Tanzfilme, gutes Essen und Kaffee am Morgen mal ausgenommen):

auf Jesus, meine Familie und die Gemeinde. Alle drei machen mich zeitweise ganz schön fertig, aber ich bin auch total überwältigt von ihrer Schönheit. Sie gehören zur größten Herausforderung, aber auch zum größten Segen in meinem Leben. Nachdem ich schon ein Buch über Jesus und meine Familie geschrieben habe, ist dieses Buch einfach der nächste logische Schritt (womit ich dann auch erst mal alle meine wichtigen Themen verbrannt hätte). Allerdings halte ich dieses Thema noch voller Zweifel in meinen Armen. Ein bisschen so, wie ich meinen kleinen Sohn gehalten habe, als er mir zum ersten Mal kurz nach der Geburt in die Arme gelegt wurde. Ich hatte die romantisch-mütterliche Vorstellung, dass wir von Anfang an diese innige, vertraute Bindung haben würden. Aber dieser kleine Mensch war mir erst mal total fremd. Er schaute mich mit so einem ernsten und besorgten Blick an, dass ich meinte darin zu lesen: „Du willst dich um mich kümmern? Bist du dir sicher, dass du das drauf hast? Hast du in deiner Ausbildung beim Thema Kinderpflege auch aufgepasst? Ich weiß nicht recht. Ich bin kein einfaches Kind, hast du dir das auch gut überlegt?" Könnte mich dieses Buchthema anschauen, ich bin sicher, es würde mich mehr als besorgt mustern: „Was denn, ist das dein Ernst? Du willst dich um mich kümmern? Ich bin kein einfaches Thema. Hast du wenigstens eine solide, fundierte theologische Ausbildung? Nein? Na prima! Hallo, hört mich jemand?! Ich will zu einem anderen Autor!"

So ungefähr stelle ich mir das vor. Und es ist wahr: Das Thema überfordert mich tatsächlich. Bevor ich richtig angefangen habe, bin ich schon total ins Stocken gekommen. Normalerweise passiert mir das erst, wenn ich mittendrin stecke. Aber dieses Mal hatte ich die Schreibblockade schon, bevor ich überhaupt angefangen habe zu schreiben. Über einen längeren Zeitraum hab ich versucht, alle meine Erfahrung und Gedanken über Gemeinde zu sammeln, aber ich habe einfach keinen roten Faden gefunden. Eigentlich wollte ich das ganze Projekt absagen. Und genau an dem Tag lag er dann plötzlich vor mir, der rote Faden in der Geschichte der Kirche: Es ist – JESUS! Ich weiß: hundert Punkte für diese offensichtliche Antwort. Klar, er ist derjenige, der das Ganze gestartet hat, er hat ein paar Leute um sich gesammelt und zu seinen Nachfolgern gemacht. Und genau das bin ich auch. Ich folge dem Rabbi aus Nazareth, meinem Erlöser. Wenn ich die Evangelien lese, dann merke ich immer wieder: Hier findet nicht nur die Geschichte der zwölf Jünger mit Jesus statt, sondern es ist auch meine Geschichte – nein: Es ist UNSERE Geschichte, wenn wir heute mit Jesus unterwegs sind. Er ruft uns zu sich und wir versuchen, von ihm zu lernen. Er schickt uns los, um Kranke zu heilen und Dämonen auszutreiben, während wir noch mit unseren eigenen Dämonen kämpfen. Wir erleben Stürme und Todesangst und fragen uns, ob Jesus schläft. Wir feiern große Momente zusammen und dann streiten wir wieder und haben keinen Bock, einander die Füße zu waschen. Wir erleben unser Scheitern und Versagen und sitzen gemeinsam im Dunkeln und warten auf die Auferstehung.

Eine Revolution?

C. K. Chesterton schreibt: „Das Christentum hatte eine ganze Serie von Revolutionen und in jeder von ihnen starb die Christenheit. Sie starb viele Male und erlebte ihre Auferstehung, denn sie hat einen Gott, der den Weg aus dem Grab kennt."[2]

Vielleicht erleben wir gerade ein wenig von dieser Revolution. Wir hinterfragen Dinge und Abläufe, die über Generationen selbstverständlich waren. Manches kann im Feuer landen und sterben und manches Gold werden wir aus dem Feuer ziehen.

Vielleicht ist es für einige von uns wichtig, eine Zeit lang ein paar Schritte zurückzutreten – von der Kirche und allem, was dazu gehört – um einen klaren Kopf zu bekommen, um die Kirche neu zu verstehen und lieben zu lernen. Andere von uns stürzen sich aus verzweifelter Liebe Hals über Kopf in die Sache und stochern im Feuer nach dem Gold. Egal, was wir tun: Am Ende ist das Wichtigste, dass wir den nicht aus den Augen lassen, der den Weg aus dem Grab kennt.

Also will ich versuchen, das Baby zu schaukeln. Ich schreibe das Buch. Ich schreibe es für alle, die ihre Kirche lieben und sich Woche für Woche die Hände dreckig machen und hoffen, dass es die Sache wert ist. Und ich schreibe auch für meine Freunde, die ein paar Schritte zurückgetreten sind von allem, was mit Kirche zu tun hat, die einen klaren Kopf brauchen und die Vergangenes ins Feuer schmeißen. Vielleicht findet ihr hier einige von den Schätzen, die so ein Feuer überstehen könnten. Und ich schreibe vor allem für mich. Weil ich mich selbst, Seite für Seite, davon überzeugen will, warum ich da noch hingehe.

1 Der Beginn der Reise

Identität. Das ist immer Gottes erster Schritt. Noch
bevor wir irgendetwas falsch oder richtig machen,
hat Gott uns schon die Seinen genannt und seine
Hand auf uns gelegt.
Nadia Bolz-Weber[3]

Komm und sieh!

„Am folgenden Tag wollte er [Jesus] nach Galiläa aufbrechen,
und er findet Philippus; und Jesus spricht zu ihm: Folge mir
nach! Philippus aber war von Betsaida, aus der Stadt des Andreas
und Petrus. Philippus findet den Nathanael und spricht zu ihm:
Wir haben den gefunden, von dem Mose im Gesetz geschrieben
und die Propheten, Jesus, den Sohn des Josef, von Nazareth.
Und Nathanael sprach zu ihm: Aus Nazareth kann etwas Gutes
kommen? Philippus spricht zu ihm: Komm und sieh! Jesus sah
den Nathanael zu sich kommen und spricht von ihm: Siehe,
wahrhaftig ein Israelit in dem kein Trug ist! Nathanael spricht
zu ihm: Woher kennst du mich? Jesus antwortete und sprach
zu ihm: Ehe Philippus dich rief, als du unter dem Feigenbaum
warst, sah ich dich. Nathanael antwortete und sprach: Rabbi,
du bist der Sohn Gottes, du bist der König Israels."

JOHANNES 1,43–49

Unterm Feigenbaum

Kein schlechter Start für einen Rabbi: Nach seiner Taufe laufen ihm zuerst zwei Jünger von Johannes neugierig hinterher und entscheiden, dass sie eben mal zu ihm überlaufen werden. Andreas holt seinen Bruder Petrus dazu, Jesus beruft Philippus und der schleppt wiederum seinen Kumpel Nathanael an. Der stellt sich erst noch etwas bockig an, kommt fast nicht über die Tatsache hinweg, dass Jesus aus dem beschaulich-gewöhnlichen Nazareth kommt. Und dann erfährt er durch ein Schlüsselerlebnis: Jesus kennt mich. Er sah mich schon unter dem Feigenbaum sitzen. Dieser einfache Satz von Jesus hat etwas tief in ihm berührt. Es war genau der Satz, den er hören musste, um von einem zweifelnden Beobachter zu einem überwältigten Nachfolger zu werden. Jesus, der Menschenflüsterer. Ich habe mich schon öfter gefragt, was es mit diesem Feigenbaum auf sich hatte. Vielleicht saß Nathanel tatsächlich vorher unter so einem Baum. Vielleicht war es aber auch der Hinweis auf einen Vers aus den Schriften, der ihm wichtig war und in dem die Einladung unter einen Feigenbaum mit der Ankunft des Messias in Zusammenhang gebracht wird (Sacharja 3,8–10). Oder Jesus hat einfach auf Nathanaels fromme Kindheit angespielt. Ich habe davon gehört, dass die jüdischen Kinder oft unterm Feigenbaum zusammensaßen, um aus den Schriften zu hören und die Geschichte des Volkes Israels zu lernen. In jedem Fall hat die Bemerkung Nathanel gereicht, um zu erkennen: Jesus sieht mich. Und er hat die gewaltige Einsicht: Du bist der Messias, der König Israels, auf den wir schon so lange warten! Und hier begann seine Nachfolge. Seine Geschichte mit Jesus.

Ich möchte euch erzählen, wo ich *unter dem Feigenbaum saß* und zum ersten Mal von Jesus hörte. Eigentlich begann meine Geschichte, bevor ich überhaupt da war. Unsere Geschichten wurzeln immer in den Geschichten anderer. Mein Weg mit der Kirche begann wohl bei meiner geliebten Oma. Sie hatte im Krieg ihren Mann und ihren ältesten Sohn verloren und die Folge war, dass die junge Witwe, die vorher kaum in die Kirche gegangen war, sich von nun an jeden Sonntag dorthin aufmachte. Sie ging auch in „die Stund", wie man das damals nannte: eine Bibelstunde der „Hahn'schen Gemeinschaft", einer Versammlungsbewegung des schwäbischen Pietismus. Am „Brudertisch" wurde Gottes Wort gelesen und meine Oma saß aufmerksam dabei und öffnete ihr Herz für Gott. Neben ihr saß meine Mutter. Durch die Entscheidung meiner Oma, dass die Kirche und der Glaube nun Teil ihres Lebens waren, wuchs nun auch meine Mutter dort auf. Sie hörte von Jesus und entschied sich, ihm nachzufolgen. Ich kann das nur holzschnittartig skizzieren. Natürlich sind die Geschichten viel komplexer und sie müssten ausführlicher erzählt werden. Aber hier kann ich nur andeuten, wo meine Wurzeln liegen. Mein Vater, dessen Eltern auch „Kirchenleute" waren, hatte genauso seinen Platz in der Kirche gefunden, und irgendwann trafen sich die Blicke meiner Eltern und es war um sie geschehen. Zumindest stelle ich mir das so vor. Und dann kam ich. Nein. Zuerst kam meine Schwester, die einige Tage nach der Geburt starb. Sie wurde kirchlich beerdigt und der kleine Sarg wurde unter großem Schmerz und mit dem Predigtwort „Der Herr hat's gegeben, der Herr hat's genommen – der Name des Herrn sei gelobt" in die Erde versenkt. Danach kam eine weitere Tochter, meine große Schwester, und dann war ich an der Reihe. Kaum angekommen, wurde ich über das Taufbecken gehalten, begleitet von dem Jesajawort, das über so vielen kleinen Kindern gesprochen wird: „Fürchte dich nicht, ich habe dich erlöst. Ich habe dich bei deinem Namen gerufen. Du bist mein." Gott streckte seine Hand nach mir aus. Er spricht immer das erste Wort in unserem Leben.

Immer. Und dieses Wort wird voller Liebe gesprochen. In meinem Fall kam es aus dem Mund eines evangelischen Pfarrers im Schwarzwald.

So wurde ich in die Kirche hineingeboren. Sie umarmte mich und nahm mich unter ihre Fittiche. Auf ihrem Schoß staunte ich über Geschichten von der Arche Noah und von Jona, der im Wal landete. Sie lehrte mich, dass ein Eskimo auf Mokassins durch den Wald schleicht, dass ein lebendiger Fisch gegen den Strom schwimmt und dass Gottes Liebe wie Gras und Ufer ist (was ich bis heute nicht verstanden habe!). Die Kirche, das war der Ort, an dem wir unsere Lieder sangen, Freunde trafen, miteinander stritten und feierten – es war einfach der Ort, wo wir hingehörten. Und hier hörten wir von Jesus, der uns immer lieb hat und allen Schaden wiedergutmachen kann.

Die Kirche, das war der Ort, an dem wir unsere Lieder sangen, Freunde trafen, miteinander stritten und feierten.

Jesus in meiner kleinen Subkultur

Ich erlebte auch, dass wir uns umeinander kümmern und uns den Schwachen annehmen sollen. Seit ich denken kann, und bis zu seiner schweren Erkrankung, hat mein Vater den „Kassettendienst" in unserer Gemeinde übernommen. (Für alle jüngeren Leser: Dabei handelte es sich um einen Live-Mitschnitt der Predigt auf Band, damit die Kranken, die nicht zum Gottesdienst kommen konnten, die Predigt zu Hause auf ihrem Rekorder hören konnten – die Mutter des Podcasts also!) Ich sehe meinen Vater noch vor mir, diesen großen Mann, wie er kurz vor dem Glockenläuten mit seinen weit ausholenden Schritten zur Sakristei lief, dem kleinen kalten Raum neben dem Hauptschiff der Kirche, um von dort aus die Predigt aufzunehmen. Hier hatte mein Vater, dem größere Menschenansammlungen Probleme machten, seinen Platz gefunden. Es war sein Dienst für die Kirche. Am Ende seines Lebens wurden seine Schritte durch die Erkrankung kleiner und stockender. Aber solange er gehen konnte, führte ihn sonntagmorgens sein Weg in die Sakristei. Als Kinder durften meine Schwester und ich ihn ab und zu begleiten. Wir saßen zitternd vor Kälte neben unserem Papa und ich liebte jede Minute. Ich blickte auf die Stecker und Kabel und fühlte mich wie auf einer wichtigen, geheimen Mission. Sobald ich sicher mit dem Fahrrad unterwegs war, wurde ich montags, oft zusammen mit meiner Schwester, losgeschickt, um den kranken und alten Menschen unserer Gemeinde die Kassetten zu bringen. Sie gehörten eben auch dazu, genauso wie die ältere, allein lebende Bäuerin, die jeden Sonntag nach der Kirche zum Essen kam oder die alleinstehende Verwandte, mit der wir immer zusammen Weihnachten feierten. Ich ging mit meiner Schwester in die Jungschar und später in den Mädchenkreis und den Sommer verbrachten wir oft mit unseren Freundinnen auf einer Freizeit vom evangelischen Jugendwerk.

Die Kirche war für mich also immer mehr als nur ein Gottesdienst, zu dem ich gehe. Mein Glaube war auch eine kleine Subkultur, zu der ich mich zugehörig fühlte. Und Gott gehörte zu uns. Wenn es mir auch nicht wirklich bewusst war, glaubte ich doch irgendwie, dass er so denkt und handelt wie wir. Und bestimmt sah er auch so ähnlich aus. Jesus war auf jeden Fall evangelisch. Und ein weißer Europäer. Ich muss jetzt immer ein bisschen lächeln über die bayerischen Altarbilder und die Art und Weise, wie das Jesuskind darauf abgebildet ist. Schau her, denke ich mir heute: der Herr Jesus aus Oberammergau. Eine Zeit lang fand ich das blöd und hätte mir gewünscht, dass das Jesuskind mal asiatisch oder wenigstens jüdisch aussieht.

Aber inzwischen denke ich, dass es doch eigentlich genau so richtig ist: Egal, auf welchem Teil der Erde und in welcher Subkultur wir aufwachsen: Jesus kommt in unsere Welt. In unsere Kultur. Das ist Teil der Menschwerdung Gottes. Aber er lässt sich nicht von uns vereinnahmen. Er ist der Nazarener, aber er ist auch der Sohn Gottes. Wir sollten uns das immer bewusst machen. Jesus ist nicht evangelikal oder liberal. Er ist nicht schwarz oder weiß. Er kommt zu uns und er kommt auch zu dem, der ganz anders ist. (Wie viel Leid hätten wir in der Geschichte der Kirche verhindert, wenn wir dem Evangelium nicht eine dominante Kultur und Weltansicht mit untergeschoben hätten!)

Jesus kommt in unsere Welt. In unsere Kultur. Aber er lässt sich nicht von uns vereinnahmen.

Brian McLaren schreibt, dass unser größtes Problem nicht unsere Unterschiedlichkeit ist, sondern, dass wir um unseren Glauben eine Identität bauen, mit der wir uns von anderen abgrenzen und klar sagen: Die gehören nicht dazu. Und solche Menschen gab es auch bei uns. Eine meiner besten Freundinnen war katholisch. Unser Dorf war vor allem evangelisch und so gehörte sie zu den wenigen Kindern, die sich, zusammen mit den einsamen Katholiken aus der Parallelklasse, zu einem extra Religionsunterricht trafen. Ich habe nie darüber nachgedacht, warum wir nicht einfach zusammen von Gott hören konnten. Katholisch – das war eben schon ein bisschen anders, so anders, dass ich daran zweifelte, ob das noch in Ordnung war. Und auch bei manchem anderen blieben wir besser getrennt. Bei einem Tanzkurz wollte ich lieber nicht mitmachen. „Das Bein, das sich zum Tanze hebt, wird im Himmel abgesägt!" war ein Spruch der Alten, bei dem wir zwar lachen mussten – aber sicher war sicher. Einbeinig im Himmel war ja auch keine tolle Perspektive. Weltliche Rockmusik schien im Himmel auch

eher nicht gespielt zu werden, und so hörte ich *Jerusalem* statt
ACDC – was vielleicht tatsächlich die bessere Wahl war.

Segen und Schaden der Geschichte

Und das ist auch eine der Sachen, die ich der Kirche übelnehme:
Dass sie mich wie die übervorsichtige Zofe einer kleinen Prin-
zessin in dem Wissen aufgezogen hat: Wir sind anders. Manches machen wir einfach nicht. Du gehörst nicht dazu. Wir sind
nicht von dieser Welt. Und all das, bevor ich den Geschmack der
Welt selbst entdecken konnte. Bevor ich spüren konnte: Ich bin
hier, gemeinsam mit allen anderen. Wir gehören zusammen!

Wir fluchen und schimpfen, wenn wir uns im Dunkeln den
kleinen Zeh anschlagen, wir streiten über Kleinigkeiten, wir
müssen manchmal über die blödesten Dinge lachen, wir haben Heißhunger auf alles, was uns dick macht, und wir haben
Heißhunger danach, geliebt zu werden, wenn wir im Dunkeln
fluchen. Wir sind Menschen, und diese Welt ist keine Vertrös-
tung auf den Himmel, sondern sie ist tatsächlich für uns gemacht! Wir können atemberaubend Schönes in ihr entdecken,
wir können voller Freude über die Stoppelfelder rennen, bis wir
lachend und stolpernd im Gras liegen und den satten Duft der
braunen Erde riechen. Unserer Erde. Für uns geschaffen. Und
genauso erleben wir, dass Kindersärge in diese Erde gelassen
werden, dass angstvolle Gebete zum Himmel aufsteigen, dass
wir einander Schmerzen zufügen und einander ausschließen,
dass wir uns anders fühlen und dass manche Kinder nie wirklich mitspielen dürfen.

Ich glaube, es ist wichtig, sich seiner eigenen Geschichte zu
stellen. Dankbar und bewusst das Gute wahrzunehmen, das
hoffentlich immer noch weiterwächst und in unserem Leben

gute Früchte bringt. Aber es ist auch gut, den Schaden anzuschauen. In manchen Bereichen erleben wir vielleicht Heilung, anderes begleitet uns wie ein dauerhaftes Hinken. Ich glaube, mein Schaden ist, dass ich mich immer anders fühlen werde und dass es mir schwerfällt, mich mit Menschen, die Jesus nicht nachfolgen, auf einer tiefen Ebene zu verbinden. Und dann gibt es noch die frommen Sprüche und manche Sätze, bei denen ich merke: Die kann ich einfach nicht mehr hören. Geht nicht mehr. Da muss ich innerlich ganz schnell die Straßenseite wechseln, bevor ich in eine Schlägerei gerate. Wenn zum Beispiel das Evangelium als „Droh-Botschaft" herhalten muss, wenn leichtfertig über Fremdes geurteilt und mit frommen Floskeln über tiefe Nöte hinweggegangen wird. Außerdem wünschte ich mir, ich hätte manche Antworten nicht schon VOR den Fragen bekommen. Vielleicht war das Problem gar nicht die Antwort an sich, sondern dass sie schon so fertig daherkam. Es war ein bisschen so, als würde ich mit meinem kleinen Sohn zu Ikea nach Ludwigsburg-Nord fahren (der liegt gleich bei uns um die Ecke – Glück muss man haben!), ihm ein paar Köttbullar auf den Teller legen und ihm sagen: „Das ist Schweden!" Aber Schweden ist noch viel mehr: Schweden sind kalte und dunkle Nächte, wilde Landschaften und endlose Fahrbahnen, Elchjagd und heiße Suppe, einsame Seen, die man auf Kanus durchqueren kann. Schweden ist so viel mehr als ein Kloß auf dem Teller bei Ikea. Ich habe mehrere Sommer und einen ganzen Winter dort verbracht. Deshalb weiß ich das. Und – das sage ich jetzt nicht anklagend, weil ich selbst nicht weiß, ob ich es bei meinem Sohn besser hinbekomme – wäre es nicht toll, wenn wir in unseren Kirchen die Glaubenswahrheiten nicht als Fertigessen serviert bekämen, sondern wie kleine Appetitanreger? Wie Postkarten, die Fernweh und zugleich Heimweh in uns auslösen, Hinweise auf ein fernes Leuchten, das uns ermuntert, uns mit klopfendem und fragendem Herzen und erwartungsfrohem Blick auf den Weg zu machen. Hinein in unser eigenes Abenteuer.

Gott sei Dank, dass er mich an die Hand genommen und durch manche holprigen Strecken auf die Reise geschickt hat. Der Nazarener war da. Er begegnete mir in meinen innigen und einfachen Kindergebeten, in der friedlichen Umarmung meiner Oma, in den segnenden Händen meiner Mutter, in den treuen Handgriffen meines Vaters, in jeder liebevollen Begegnung und in jedem barmherzigen „Du gehörst dazu!". Wenn ich heute meinem kleinen Sohn aus der Kinderbibel vorlese, dann verliere ich mich in den vertrauten Bildern und kann den Blick kaum von der hellen, freundlichen Gestalt abwenden, in der ich zuerst „meinen Jesus" entdeckt habe. Ich durfte kommen und sehen. Hören und schmecken. Bis heute verbindet sich der Geschmack von Omas Eukalyptusbonbons mit den wärmenden Strahlen, die durchs bunte Kirchenfenster fielen. Das war mein Feigenbaum, unter dem ich von Jesus lernen durfte. Im Schoß der Kirche habe ich den Messias kennengelernt. Und dafür bin ich ihr ewig dankbar.

2 Der Familienclan

Wir folgen Jesus und an ihm hängt unser Herz.
Punkt.
Die Jesus Freaks[4]

Er ruft zu sich, die er wollte
„Und er steigt auf den Berg und ruft zu sich, die er wollte.
Und sie kamen zu ihm; und er berief zwölf [...], und er gab
dem Simon den Beinamen Petrus, und Jakobus, den Sohn des
Zebedäus, und Johannes, den Bruder des Jakobus, und er gab
ihm den Beinamen Boanerges, das ist Söhne des Donners, und
Andreas und Philippus und Bartholomäus und Matthäus und
Thomas und Jakobus, den Sohn des Alphäus, und Thaddäus
und Simon, den Kananäer, und Judas Iskariot, der ihn auch
überlieferte."
MARKUS 3,13.16–19

Wie passt ihr denn zusammen?

Vor einigen Jahren saß ich mit einer Gruppe aus unserer Gemeinde vor einem der coolsten Orte Stuttgarts: einem ehemaligen Klo-Häuschen, das zu einer Kneipe umgebaut worden
war. Hier ist im Sommer immer was los. Man bestellt sich ein
Bier oder irgendein anderes Getränk und lässt sich zusammen
mit vielen anderen, meist jungen, Leuten auf dem warmen Bo-

den vor der Kneipe nieder. Wir kamen öfter nach dem Gottesdienst zusammen hierher. An diesem Abend schaute immer wieder ein Kellner beim Einsammeln der Biergläser zu unserer Gruppe hinüber. Irgendwann sprach er einen von uns an und es platzte förmlich aus ihm heraus: „Ich beobachte euch jetzt schon eine ganze Weile und frag mich echt: Wie passt ihr denn zusammen? Was seid ihr für eine Gruppe?" Erst mal war bei uns verblüfftes Schweigen. Was meinte der Typ? Wir sahen uns an: Da saß ein gestyltes Mädchen, das später noch in einen ihrer geliebten Drum 'n' Base-Clubs abziehen wollte, neben einem Jungen in zerrissenen Jeans und mit punkigem Haarschnitt. Ein tätowierter Musikmanager saß neben einer Frau in langem Hippierock, ein Ingenieur unterhielt sich mit einem Obdachlosen und ein paar Studenten und Normalos rundeten das Bild ab. Tatsächlich – wir waren eine ziemlich bunte Truppe! Lachend erklärten wir dem Typen, dass wir alle Jesus Freaks wären, also alle Jesus liebten. Mit verwundertem Kopfschütteln sammelte er unsere Gläser ein und zog wieder ab.

Denke ich an die Kirche Jesu, dann muss ich immer auch an diesen Abend denken. Weil er mir vor Augen führt, was der Schatz und gleichzeitig auch die Herausforderung von Gemeinden, Kirchen, Gemeinschaften, Hauskirchen, Megachurches – welche Form auch immer – ist: Wir sind keine homogene Gruppe von Freunden und Menschen, die wir uns selbst ausgesucht hätten, um zusammen Jesus nachzufolgen. Sondern wir treffen uns bei Jesus – mit den Leuten, die er zu sich gerufen hat.

Ich habe bis hierher über Kirche so geschrieben, dass man meinen könnte, ich verstünde darunter die Institution, das Gebäude, in dem wir uns jeden Sonntag treffen. Und teilweise verbinde ich mit dem Begriff tatsächlich genau das, was auch bei Wikipedia als Erstes zu lesen ist: „Die Kirche ist ein sakrales Bauwerk des Christentums." Das ist es wohl, was bei den meisten unserer Mitmenschen im Kopf auftaucht, wenn sie das Wort Kirche hören. Aber das Wort „Kirche" gibt Hinweis auf die tiefere Wirklichkeit, in die wir uns begeben: Im Urtext des Neuen Testaments steht das griechische Wort *ekklesia*, das vom Verb „herausrufen" kommt. Kirche ist in ihrer ursprünglichsten Form also kein Gebäude und auch nicht die gute Idee von ein paar Leuten, einen kleinen, elitären Club zu gründen. Kirche – das sind einfach die Leute, die sich um Jesus sammeln, weil er sie gerufen hat, ihm nachzufolgen. Und der Satz „Wir gehen nicht zur Kirche, wir SIND Kirche" ist daher genau richtig.

Die zwölf Jungs, die Jesus ganz am Anfang zu sich gerufen hat, waren auch so eine bunte Truppe. Sollte jemand beobachtet haben, wie sie ohne Jesus in irgendeiner Kneipe in Jerusalem saßen, dann

Kirche – das sind einfach die Leute, die sich um Jesus sammeln, weil er sie gerufen hat, ihm nachzufolgen.

hätten sich so einige darüber gewundert, wie diese Leute zusammenpassen: der Zöllner Levi neben Jakobus, dem Fischer (so was wie korrupter Banker neben einfachem Arbeiter), Thomas, der Denker und Zweifler, neben Petrus, dem Hitzkopf und zukünftigem Fels, Johannes, der Donnersohn, den Jesu Liebe überwältigt hatte, neben Simon, dem paramilitärischen Widerstandskämpfer, daneben Judas, der spätere Verräter, und einige mehr (auch ein paar Jüngerinnen zogen mit Jesus umher!). Das war kein netter Freundeskreis, der sich hier freiwillig zusammenfand. Was sie an einen Tisch gebracht hat, war die Einladung Jesu, zu ihm zu kommen. An SEINEN Tisch. Und so saßen sie zusammen wie eine Familie, die man sich nicht ausgesucht hat, und sollten lernen, Jesus zu lieben und einander zu ertragen.

Willkommen zu Hause

Aber es wartete eine noch größere Überraschung auf sie. Jesus deutete es bei Nikodemus an, dem suchenden Pharisäer, der in der Nacht zu ihm kam: Wer Jesus nachfolgt und damit Teil von diesem neuen Reich Gottes wird, in dem geschieht so etwas radikal Neues, dass man es nur mit dem Bild einer Geburt umschreiben kann. Sie werden neu. Sie lassen das alte Leben hinter sich und werden hineingeboren in die Familie der Kinder Gottes. Wow. Wenn Jesus es nicht selbst gesagt hätte, würde man es kaum wagen, so große Worte in den Mund zu nehmen. Da ruft Gott uns heraus, zu sich. Er macht uns neu und sagt: Willkommen zu Hause, mein Kind. Von jetzt an gehörst du zu einer ganz besonderen Familie – du kannst auch Kirche dazu sagen.

Und mitten in dieser Gemeinschaft werden wir großgezogen. Wir werden erst mal überhaupt nichts können, sondern ganz viel empfangen. Wir werden die Milch aufsaugen, die uns angeboten wird, wir werden staunen und lernen und hinfallen und auf Dingen rumkauen, die wir lieber nicht in den Mund nehmen sollten – wie Babys das eben tun. Wir werden uns streiten und genau abgrenzen, was meins und was deins ist, und wir werden langsam miteinander lernen, was das neue Leben bedeutet. Was es aus uns macht. So ähnlich, glaube ich, ist es. Das ist einfach Gottes Plan.

Er hätte uns auch als krasse Einzelkämpfer ausbilden können. Unabhängig. Stark. Gott und ich. Gegen den Rest der Welt. Aber das war nie der Plan. Der Plan ist: Wir werden wiedergeboren und dann blutverschmiert und hilflos schreiend aufgenommen in den Kreis einer neuen, großen Familie. Welcome home. Bonhoeffer schreibt dazu, dass die christliche Gemeinschaft kein Ideal ist, das wir schaffen müssten, sondern „eine von Gott in Christus geschaffene Wirklichkeit, an der wir teilhaben dürfen."[5] Das hat etwas sehr Entspanntes für Menschen wie mich, die leicht alles als Auftrag sehen und die Kirche eher als Bauprojekt verstehen als ein Familientreffen. Aber es ist tatsächlich so: Zuallererst ist Kirche eine Realität, an der wir einfach Anteil haben dürfen.

Es lebe die Vielfalt

Und diese Realität kann ziemlich überwältigend sein. Paulus geriet in seinen Briefen immer wieder darüber ins Schwärmen: Plötzlich saßen Juden neben Nicht-Juden (bisher hatten Juden noch nicht mal das Haus von Heiden betreten, weil sie sich dadurch verunreinigt hätten!), Sklaven neben Freien, Männer neben Frauen, Arme neben Reichen, Fromme neben stadtbekannten Sündern – ich glaube, wir können uns nicht annähernd vorstellen, wie revolutionär das war! Im Tempel wurden die Besucher streng nach Rasse und Geschlecht getrennt, manche kamen erst gar nicht rein. Und hier, in den Versammlungen der ersten Christen, saßen sie alle an einem Tisch. Das war im wahrsten Sinne des Wortes Mauern sprengendes Evangelium! Dass es an dem Tisch oft ganz schön wild zuging, das kann man sich denken und durch die Briefe von Paulus an die Gemeinden auch bildlich vorstellen. Es gab Diskussionen und Zoff und Kampf um die besten Plätze am Tisch – und trotzdem: Für Paulus war schon die Tatsache, dass sie durch Jesus nun alle zu Gottes Kindern gehörten, ein unaufhörlicher Grund zum Staunen. Die Mischpoke Gottes. Seine bunte Familie! Zu der bis heute Tag für Tag neue Kinder dazukommen. Wie oft habe ich schon etwas von diesem Reichtum erlebt, wenn ich mit meinen Geschwistern aus allen Ecken der Welt und aus allen Schichten der Gesellschaft zusammensaß, um gemeinsam Jesus zu feiern.

Aber so sehr diese Vielfalt auch ein Geschenk ist – im Alltag ist sie schon eine ganz schöne Herausforderung! Familie eben. Menschen, von denen wir wissen: Wir gehören zusammen und brauchen einander, aber wir können uns auch bis aufs Blut reizen und in den Wahnsinn treiben. Wir stolpern schimpfend über das Chaos, das sie hinterlassen, haben die Schnauze voll, ihnen hinterher zu räumen, und manche Mitglieder der Familie sind uns einfach nur peinlich. Wir stöhnen über ihre merkwürdigen Einstellungen und sind ihretwegen um den Ruf der Familie besorgt. Aber wenn wir Jesus nachfolgen, dann hat er seine ganze Sippe im Schlepptau: alle Angehörigen, mit denen wir gut klarkommen, und alle, die wir lieber nicht dabei hätten.

Wenn wir Jesus nachfolgen, dann hat er seine ganze Sippe im Schlepptau.

Wir wurden hineingeboren und jetzt bemühen wir uns, einander zu lieben, mit allen Schwächen, Fehlern, Stärken, Ecken und Kanten. Und wir versuchen, uns dabei nicht aufzufressen (Gal 5,15). Und genau daran, an dieser völlig unromantischen Liebe untereinander, sagt Jesus, wird die Welt erkennen, dass wir zu ihm gehören.

Ich glaube, es ist gut, wenn wir beides wahrnehmen: das große Geschenk dieses Clans und die große Herausforderung, die so eine Familie mit sich bringt. Es ist manchmal nicht einfach, Enttäuschungen zu überwinden, sich wieder zusammen an den Tisch zu setzen, einander weniger den Kopf und vielmehr die Füße zu waschen und uns um Gottes Willen zu ertragen. Aber unser Papa ist nun mal durch und durch Familienmensch.

Ich bin mir bewusst, dass das sehr vereinfacht geschrieben ist und ich will hier keine Probleme unter den Teppich kehren.

Denn genau das ist ja der Punkt, an dem sich so mancher innerlich von der Kirche verabschiedet hat: weil er vermeintliche Geschwister Dinge tun sieht, die überhaupt nicht zu dem Gute-Nachricht-Mauern-sprengenden-Evangelium von Jesus passen. Ja, seien wir ehrlich: Manche ziehen mit ihrem Verhalten den Ruf der ganzen Familie in den Dreck – und, noch schlimmer, den Ruf Jesu, wenn sie es in seinem Namen tun. Manchmal bewundere ich einfach Gottes Zurückhaltung: dass er nicht öfter klar Schiff macht am Tisch und ein paar Leute, die nur so tun als würden sie mit dazugehören, rausschmeißt. Wahrscheinlich ist es einfach seine Gnade, die jedem von uns noch Zeit gibt umzukehren. Von dieser Gnade trinke ich selbst ständig – und ich ahne, dass wir weiterhin eine ganze Menge davon füreinander brauchen werden.

Am Anfang das Staunen

Trotz allem – am Anfang soll einfach mal das Staunen stehen. Darüber, dass wir seine Kinder sein dürfen! Dass es für jeden von uns einen Platz an seinem Tisch gibt. Das ist die von Gott geschaffene Wirklichkeit. Wir kommen aus allen Richtungen und treffen uns am Kreuz. Wir sind Kirche in ihrem ursprünglichsten Sinn: Menschen, die dem Ruf Jesu gefolgt sind. Dem Ruf des Rabbis mit der Dornenkrone. Dem Ruf des dienenden Königs. Unseres Erlösers. Und während wir eigentlich vor allem zu unserem Freund und Retter wollen, breitet der die Arme aus und sagt: Willkommen in Gottes großer, bunter, verrückter Familie. Ihr gehört zusammen. Liebt einander mit der Liebe, mit der ich euch liebe. Seid Salz und Licht in dieser Welt. Und immer da, wo wir das versuchen, im vollen Bewusstsein unserer geistlichen Armut, im Wissen, dass wir Jesus und auch

einander brauchen, da erleben wir *ekklesia*. Die Herausgerufe-
nen. Gemeinschaft der Heiligen und Sünder. Und Jesus mitten
unter uns.

ID

weder jude
noch heide
weder frau
noch mann
weder sklave
noch freier
noch untertan

weder schwarz
noch weiß
weder gesund
noch krank
weder linker
noch rechter
weder papst
noch punk

weder banker
noch bauer
weder hure
noch priester

weder schwul
noch straight
weder harzer
noch minister

weder alt
noch behindert
weder arm
noch reich
weder freak
noch pastor
alle = gleich

weder soldat
noch pazifist
weder frommer
noch sünder
weder fremder
noch nachbar

IN JESUS
alles
GOTTES KINDER.

3 Jubeljahr

Meist bringt Gott Freude in unser Leben, indem
er uns erlöst und den ganzen Alltag mit all seinem
Drum und Dran heiligt. Wenn alle Familienmitglie-
der mit Barmherzigkeit und Liebe erfüllt sind und
von einem Geist des gegenseitigen Dienens, dann
hat die Familie Grund zum Feiern.
Richard Foster[6]

Am dritten Tag war eine Hochzeit
„Am dritten Tag war eine Hochzeit zu Kana in Galiläa und
die Mutter Jesus war dort ... Es war aber auch Jesus mit seinen
Jüngern zu der Hochzeit eingeladen."

JOHANNES 2,1–2

Zuerst wird gefeiert

In einem der besseren Jesus-Filme (in denen er nicht emotions-
los Bibelverse zitiert und mit stoischer Miene neben den Jüngern herläuft, als wäre er bekifft oder würde stark beruhigende
Medikamente einnehmen) fragen die Jünger, die sich gerade
bei Jesus eingefunden haben, erwartungsvoll: „Und, wie geht's
jetzt los? Was machen wir?" Und Jesus sagt fröhlich lachend:
„Kommt mit, wir sind zu einer Hochzeit eingeladen!" Verblüfft
folgen ihm die Jünger. Wahrscheinlich haben sie sich für den

33

Anfang etwas anderes vorgestellt. Eine Lehreinheit vielleicht mit den Basics, was der neue Rabbi so vorhat. Ein kleiner Jüngerschaftstest zum Ausfüllen, in dem sich der Meister ein Bild über den geistlichen Stand seiner Nachfolger machen kann. Eine gemeinsame Zeit des Fasten und Betens. Oder zumindest ein paar Aufgaben, die sie für ihn erledigen könnten. Stattdessen: ein Fest. Lecker essen, Wein trinken. Die Nacht durchtanzen. Lustige Geschichten erzählen.

Das war schon ein ungewöhnlicher Start, der sicher nicht nur die Jünger befremdet hat. Sollten die ehemaligen Kollegen auf der Feier vorbeigekommen sein, waren sie vielleicht auch etwas irritiert darüber, dass die Jungs, die sie mit der Arbeit alleine gelassen hatten, erst mal fröhlich einen draufmachten. Meine schwäbische Seele hätte auch dagegen protestiert: Jesus, erst die Arbeit, dann das Vergnügen! Bekommen deine Jünger nicht einen ganz falschen Eindruck?! Nicht dass sie denken, so geht das jetzt weiter. Und während ich das schreibe, merke ich: Genau das ist doch das Evangelium, die gute Nachricht, die Jesus uns gebracht hat: Wir feiern, BEVOR wir irgendetwas geleistet haben! Ist das nicht eine wunderbare Sache, dass Jesus mit seinen Jüngern erst mal ein Fest besucht – bevor sie losziehen, um zu predigen, bevor sie sich irgendwie beweisen können, bevor sie eine längere Strecke mit ihm gegangen sind? Jesus geht zuerst mit ihnen feiern – und zeigt ihnen und uns damit etwas vom kommenden Reich Gottes und dem Geschenk der Gnade.

Der amerikanische Theologe und Schrifsteller Donald W. Cullough drückt es so wunderbar aus: „Gnade bedeutet, dass mitten in unserem Kampf der Schiedsrichter pfeift und das Spiel zu Ende ist. Wir werden zu Siegern erklärt und duschen geschickt. Es ist vorbei, wir brauchen nicht mehr keuchend und schnaufend Gottes Gunst zu verdienen … Gnade bedeutet, dass Gott auf unserer Seite ist und wir deshalb Sieger sind, egal, wie gut wir gespielt haben. Wir können jetzt genauso gut duschen gehen und dann mit Champagner feiern."[7]

Genau diese gute Nachricht bringt uns Jesus. Und die Kirche kann ein Hinweis darauf sein. Dass wir feiern können, BEVOR wir etwas leisten. Dass wir auch feiern, NACHDEM wir versagt und einander enttäuscht haben! Und wir feiern mit der Hoffnung im Herz, dass am Ende ein großes Fest auf uns wartet und dass Gottes Reich heute schon anfängt, mitten unter uns.

Die Familie hat Grund zu feiern

Doch, wir feiern auch an Weihnachten, an Ostern und allen anderen großen Festtagen zusammen. Aber tun das nicht die meisten Leute in unserem Land? Sie feiern mit, auch wenn sie nicht immer verstehen warum. Wir haben in unserer Gemeinde auch schon sämtliche besonderen Ereignisse miteinander gefeiert: Raumeröffnungen, Kunstausstellungen, CD-Release-Partys, Gemeindegeburtstage ... und es war toll! Schon meine Mutter hat im Alltag ganz oft eine Kerze aufgestellt und Kuchen eingekauft, um zu feiern, und auch ich finde, man sollte sich keinen kleinen Anlass entgehen lassen, um Kuchen zu essen und zu feiern. Ich feiere mit meinem kleinen Sohn, wenn die Kita wieder anfängt und wenn Ferienbeginn ist. Wir feiern, wenn ein neuer Zahn kommt und wenn ein alter rausfällt. Wir feiern, wenn wir eine Krankheit überwunden haben und wenn wir es trotz Krankheit an den Küchentisch schaffen – wir LIEBEN es zu feiern!

Und wenn ich mir die Bibel anschaue, dann glaube ich, das sind die Gene von unserem himmlischen Papa. Gott ist das Feiern so wichtig, dass er es seinem Volk sogar schriftlich ver-

ordnet. Er führt dazu etliche Feiertage ein und fordert die Israe-
liten auf, den Zehnten beiseitezulegen – nicht um es mit saurer
Miene in die Gemeindekasse zu stecken, sondern um Freunde
und Fremde und Witwen und Arme einzuladen und zusammen zu feiern! (Nachzulesen in 5. Mose 14,26ff.)

Und er verordnet sogar jedes fünfzigste Jahr ein Erlassjahr,
auch „Gnadenjahr" genannt, in dem Schulden erlassen und
Bodengrundstücke zurückgegeben werden sollen, Sklaven frei-
kommen und Segen miteinander geteilt werden soll. Unterdrü-
ckung und Ungleichheit sollte damit aufgehoben und Gottes
Großzügigkeit bejubelt werden. Was für ein genialer Plan! Aber
so gesetzestreu die Pharisäer auch waren – es ist nicht bekannt,
dass sie dieses Jahr jemals gefeiert hätten. Das Erlassjahr wurde Bestandteil der Zukunftshoffnung. Der Messias würde diese
Worte wahr machen: „Der Geist Gottes, des Herrn, ruht auf
mir; denn der Herr hat mich gesalbt. Er hat mich gesandt, damit ich den Armen eine frohe Botschaft bringe und alle heile,
deren Herz zerbrochen ist, damit ich den Gefangenen die Ent-
lassung verkünde und den Gefesselten die Befreiung, damit ich
ein Gnadenjahr des Herrn ausrufe" (Lukas 4,18ff). Und genau
das waren die Worte auf der Schriftrolle, die Jesus bei seiner
ersten öffentlichen Lesung gereicht wurde! Wow. Und in das
erwartungsvolle Schweigen der Zuhörer kommentierte Jesus
schlicht: „Heute ist dieses Wort erfüllt." Mit seiner Ankunft begann das Fest. Und deshalb ist es eigentlich total passend, dass
er als allererstes mit seinen Jüngern zusammen gefeiert hat –
und zu seinem Einstand gab er einfach mal sechshundert Liter
besten Wein aus!

Tausend gute Gründe zu feiern

Warum dieser lange Schlenker über das Gnadenjahr in einem Buch über die Kirche? Weil ich glaube, dass genau darin unsere tiefe Berufung liegt: Wir sind diejenigen, die dieses Gnadenjahr in der Welt verkünden! Wir sind beauftragt, den Armen diese gute Nachricht zu bringen, den Zerbrochenen und allen, die Hoffnung, Vergebung und Befreiung brauchen. Und überall da, wo diese Nachricht verbreitet wird, gibt es gewaltig Grund zu feiern. Vielleicht ist das die schönste und am meisten unterschätzte Form der Evangelisation! Unser Vater schmeißt gerne Partys. Also sollte die Familie Gottes lernen zu feiern!

Ich habe über vierzehn Jahre lang in einem Heim für Kinder mit Behinderung gearbeitet und sie haben mich unter anderem gelehrt, dass es so unglaubliche viele Gründe zu feiern gibt. Es waren nicht die Erfolge der Welt, die wir feiern konnten. Keiner hat in diesen Jahren sein Abitur bestanden und leider konnten wir auch keine Heilung oder erste Laufschritte bejubeln. Was wir aber feiern konnten, waren kleine,

Unser Vater schmeißt gerne Partys. Also sollte die Familie Gottes lernen zu feiern!

fast unscheinbare Zeichen: den Erhalt wichtiger Fähigkeiten. Die Abwesenheit schlimmerer Erkrankungen. Das Überwinden alltäglicher Krisen. Und vor allem: das Da-Sein. Ich frage mich, wie eine solche Art zu feiern in unseren Kirchen aussehen würde? Vielleicht könnten wir den Alkoholiker feiern, der zwar letzte Woche einen Rückfall hatte, aber heute trotzdem vorbeigekommen ist und damit den Totalabsturz vermieden hat. Wir könnten die Helden feiern, die sich mit psychischen Erkrankungen, mit chronischen Schmerzen oder langen Phasen von Arbeitslosigkeit durch den Alltag kämpfen; Standing Ovations für jeden, der nicht aufgibt! Wir könnten die Leute in den letzten Reihen feiern und die Leute, die treu in der ersten Reihe sitzen. Wir könnten Welcome-Home-Partys feiern für diejenigen, die zu Gott nach Hause gefunden haben, sei es zum ersten oder sei es zum hundertsten Mal: „Du bist wieder da! Wie schön, das feiern wir!" Wir könnten Versöhnungen feiern, das Einssein in Jesus trotz unserer unterschiedlichen Ansichten, das Aufstehen nach den Misserfolgen, Feste der Dankbarkeit für so viel Gutes, das uns Jesus schenkt, für die Vergebung der Sünden. Und wir könnten feiern, einfach weil wir DA sind – geliebt, so wie wir sind. Wir könnten auch mit denen feiern, die sonst nie eingeladen werden. Sie müssen nicht stöhnend nach einem Termin im Kalender suchen. Sie freuen sich und kommen gerne vorbei. Ach, die Gnade kennt tausend Gründe, um zu feiern. Das müssen keine Mega-Partys sein. Vielleicht ein wenig so wie die Kerzen-Kuchen-Feste in unserer kleinen Küche: Wir ergreifen die Momente der Gnade und feiern sie, in den kleinen Ritzen des Alltags.

Eine besondere Geburtstagsfeier

Eine der schönste Geburtstagspartys, die ich je erlebt habe, war die eines Freundes aus unserer Gemeinde. Er erwähnte einmal so nebenbei, dass er seinen Geburtstag sehr selten gefeiert hat. Er wuchs zeitweise in einem Heim auf und dann bei Pflegeeltern, die leider nicht sehr liebevoll mit ihm umgingen. Oft wurde sein Geburtstag vergessen oder einfach nicht als wichtig genug angesehen, um ihn zu feiern. Als ich das hörte, stand mein Entschluss fest: Sein nächster Geburtstag wird gefeiert! Und ich plante, ihn damit zu überraschen. Unter dem Vorwand, einfach mal gemütlich Zeit zusammen zu verbringen, lud ich ihn zu uns nach Hause ein und erwähnte dabei mit keinem Wort, dass dieser Tag sein Geburtstag war. Ich hatte einige seiner Freunde aus der Gemeinde eingeladen, wir hatten alles schön geschmückt und das leckerste Essen vorbereitet. Als er bei uns ankam und vorsichtig die Wohnungstür aufschob, standen wir mit Wunderkerzen in den Händen bereit und sangen: „Happy Birthday". Er wäre fast ihn Ohnmacht gefallen – vor Schreck und vor Freude. Und dann haben wir zusammen gefeiert, lustige Geschichten erzählt, gelacht, gegessen und getrunken und noch mehr gegessen. Zum Schluss haben wir ihn in die Mitte genommen, ihm die Hände aufgelegt und Gott gedankt für unseren Bruder und Freund. Und wir haben aus tiefstem Herzen unsere Segenswünsche über ihm ausgesprochen. Beladen mit Geschenken und mit Tränen in den Augen, hat er sich spät in der Nacht überglücklich verabschiedet. Es war ein ganz besonderer Abend – für uns alle. Noch lange nachdem der Freund gegangen war, hatte ich das Gefühl von Gottes liebevoll, strahlender Gegenwart in unserem Wohnzimmer. Ich glaube, es war ein Fest ganz in seinem Sinn. Hat es die Probleme unseres Freundes gelöst? Nein. Er kämpft immer noch und im Moment habe ich keine Ahnung, wie es ihm geht und wo er sich aufhält und ob er noch an Gott glauben kann. Sein Leben ist weit davon entfernt, in irgendeinem frommen Buch als Erfolgsgeschichte aufzutauchen. Aber dieser eine Abend war eine Erinnerung daran, dass Gott ihn sieht, dass ein Zuhause auf uns wartet, in dem ein Fest gefeiert wird, das alles übersteigt, was wir uns hier vorstellen können. Wir werden essen und trinken und lachend und weinend unsere Geschichten erzählen und Gott wird alle Tränen abwischen und alle Wunden heilen. Dieser Abend in unserem Wohnzimmer war ein kleiner Vorgeschmack darauf.

Feiernd unterwandern wir die Ordnungen der Welt

Wir feiern auch, dass Gottes Reich schon anbricht. Dass mit Jesus eine neue Weltordnung entsteht, in der Gerechtigkeit regiert, in der die Letzten die Ersten sind und die Armen und Unterdrückten Grund zum Jubeln haben.

Einer der Menschen, von denen ich tief beeindruckt bin, ist der Christ und Friedensaktivist Shane Claiborne. Eigentlich, so erklärte er in einem Vortrag, mache er nichts Ungewöhnliches: Er möchte einfach die gute Nachricht leben, die Jesus uns gebracht hat. Deshalb lebt er mit seiner Lebensgemeinschaft „The Simple Way" in einem heruntergekommenen Viertel in Philadelphia. Sie bieten Nachhilfe für ihre Nachbarskinder an und pflanzen mit ihnen zusammen Blumen und Gemüse in den verlassenen Hinterhöfen an. Sie öffnen ihre Tür für Menschen in Not und kommen immer wieder mit den Vorschriften in Konflikt. Einmal tauchte die Polizei auf und erklärte, sie hätten wieder gegen das Gesetz verstoßen.

„Welches Gesetz?", fragte Shane erstaunt.

„Das Bordellgesetz", wurde ihnen geantwortet. „Es legt fest, dass nur eine bestimmte Anzahl von Menschen in einem Haus wohnen darf." Shane meinte darüber lachend, dass sie wohl die erste christliche Gemeinschaft in Amerika seien, die gegen das Bordellgesetz verstoßen habe.

Was ich an Shane besonders mag, ist, dass er nicht anklagend darüber redet, wie schlecht die Welt ist und dass wir Christen doch endlich tun sollten, was Jesus gesagt hat. Er folgt einfach Jesus nach – und in seinen Aktionen ist immer eine Festfreude zu spüren. Wenn er zum Beispiel davon berichtet, dass sie Waffen einschmelzen und zu Gartengeräten und Musikinstrumenten machen. (Die Waffen sind Spenden von Bürgern oder sie bekommen sie aus den Asservatenkammern der Polizei.[8]) Bei

40

einer anderen Aktion warfen sie Geldscheine vor der Wallstreet auf die Bürgersteige und verkündeten: „Das gehört den Armen. Es gehört allen, die unter unserem System gelitten haben. Wir geben es, bußfertig über die Art wie wir leben und auch erfüllt mit Jubel!" (und dazu wurde die Schofar geblasen – ein Instrument, welches das Jubeljahr einläuten sollte).[9] Die fröhlichen Menschen zu sehen, die das Geld aufsammeln, inmitten von verwunderten Sicherheitsmännern und schnell vorbei eilenden Börsenmaklern, hat tatsächlich etwas von der Partystimmung in Gottes Reich! Gute Nachricht für die Armen. Ich weiß, ich bin nicht Shane Claiborne (und, Gott sei Dank, muss ich auch nicht so sein!), aber sein Leben inspiriert mich, darüber nachzudenken, wie ich in meinem Alltag, in meiner Kirche, etwas von der Festfreude des Evangeliums verbreiten könnte.

Neulich habe ich mich getraut, einer jungen Asiatin, die an der Kasse hinter mir stand, ihren Einkauf zu bezahlen. Der staunenden Nachfrage der Frau, warum ich so etwas tue, sagte ich schnell und ganz aufgeregt: „Ich bin so beschenkt. Jesus segne sie!" Sie hat mich vor Freude in den Arm genommen und die Kassiererin hat uns dabei verwundert angelacht.

Und vergangenen Sommer haben wir unsere alte, immer etwas mürrische Nachbarin zum Kaffeetrinken in unseren kleinen Hinterhofgarten eingeladen. Ich habe sie sonst noch nie auf einem Nachbarfest gesehen, wahrscheinlich, weil sie nicht gerade die Stimmung anheizen kann. Wir saßen zwei Stunden lang mit ihr zusammen. Sie hat ein bisschen über die Ausländer geschimpft, aber der größte Teil unseres Gesprächs war wirklich wunderbar – wie eine Schatzkiste, die sie für uns geöffnet hat, als sie aus ihrem Leben erzählte. Am Ende hat sie sich sehr dafür bedankt, dass wir ihr zugehört haben und für den Kuchen (der leider etwas misslungen war). Wenn ich mich nicht irre, hatte sie dabei Tränen in den Augen.

Von der Festfreude des kommenden Reiches Gottes spüre ich auch etwas, wenn eine Weggefährtin im Gottesdienst darüber berichtet, wie sie spät in der Nacht loszieht, mit frisch gebackenem Kuchen in der Hand, um ihn im Rotlichtviertel an die Prostituierten zu verteilen, und ihnen ein wenig zuzuhören, manchmal sogar zu beten oder eine hilfreiche Adresse weiterzugeben, falls sie aussteigen wollen. Ich gerate in Feierlaune, wenn ich beim „Frühstück mit Jesus" unserer wunderbaren Volksmission vorbeischaue und sehe, wie Woche für Woche für die Ärmsten unserer Gesellschaft ein liebevoll vorbereitetes Frühstück aufgefahren wird. Ich erlebe etwas von der Freude des Himmels in den stolz strahlenden Gesichtern der Flüchtlingskinder, die ein Theaterstück aufführen, das sie unter der geduldigen Regie einer Freundin aus der Gemeinde eingeübt haben. Und wenn meine Freundin, die Grundschullehrerin ist, von ihrem Alltag berichtet, in dem sie versucht, mit der Bitte „dein Reich komme" im Herzen die Einzigartigkeit in jedem Kind zu feiern – auch in dem, das richtig anstrengend sein kann –, dann ahne ich etwas davon, wie dieses Gebet in unserer Welt Wirklichkeit werden kann.

> **Unsere Hoffnung als Christen ist ein stilles, verborgenes, aber kraftvolles Unterwandern der Ordnungen dieser Welt.**

„Hoffnung ist subversiv"[10], schreibt die US-amerikanische Autorin Sarah Bessey. Das finde ich schön. Unsere Hoffnung als Christen ist ein stilles, verborgenes, aber kraftvolles Unterwandern der Ordnungen dieser Welt. Wir feiern die gute Nachricht für die Armen, wir feiern, dass Gott den Zerbrochenen nahe ist. Wir feiern, dass er Gefangene frei macht und Menschen erlöst von der Sklaverei der Sünde – und der Zuhälter. Wir feiern mit Brot und Wein. Wir spielen den Rhythmus der Gnade auf Bassgitarren, die ehemals Maschinenpistolen waren.

Wir feiern Gottes Großzügigkeit an der Wall Street, an Schulen und Supermarktkassen und in den Hinterhöfen der Welt. Wir feiern mit denen, die sonst gerne übersehen werden und mit denen, die auch ein bisschen schwierig sind. Wir feiern mit Kuchen und zünden im Dunkeln Kerzen an, voller Hoffnung, dass sich die Dinge langsam, aber sicher ändern werden. Mit jedem dieser kleinen Festakte sagen wir: Das Gnadenjahr des Herrn hat angefangen.

Freude leuchtet im Dunkel

Etwas von dieser Festfreude können wir auch an den dunkelsten Orten finden. Vor einigen Jahren habe ich mit meinen Kollegen an der Beerdigung eines siebenjährigen Jungen teilgenommen, der für längere Zeit bei uns im Heim gewesen war. Er hatte eine schwere Behinderung und wir hatten ihn alle ganz besonders in unser Herz geschlossen. Manchmal musste er schwer nach Atem ringen und dann lag er wieder ganz ruhig da und es ging ein großer Friede von dem kleinen Kerl aus. Ganz oft, wenn ich ihn in den Armen hielt, übertrug sich etwas von diesem Frieden auf meine unruhige Seele. Und dann tat er seinen letzten mühsamen Atemzug auf dieser Welt. Seine Familie hatte die Beerdigung schon länger vorbereitet. Sie waren voller Schmerz, aber auch voller Vertrauen darauf, dass ihr kleiner Sohn jetzt an einem guten Ort war – zu Hause bei seinem himmlischen Papa. Der Sarg war von seiner Mutter mit bunten Blumen und dem Wort aus Psalm 23 bemalt worden: „Der Herr ist mein Hirte, mir wird nichts mangeln." Das war nun endgültig wahr geworden. Unter vielen Tränen und mit großer Hoffnung im Herzen wurde der Sarg in die Erde gelassen. Das Lied, das triumphierend über den Friedhof schallte, lautete: „Geh heim zu Jesus und leb!" Es war wie ein Blick durchs Schlüsselloch in den himmlischen Festsaal. Auf dieser Beerdigung wurde keine evangelistische Predigt gehalten. Das war gar nicht nötig. Hier wurde sichtbar, was unser Glaube bedeutet. Einer der Kollegen sagte mir später: „Christina, vor der Beerdigung war ich Atheist. Seither glaube ich an Gott." Auch wenn wir noch ein Stück von dem großen Festtag entfernt sind, auch wenn uns oft großes Dunkel umgibt, können wir uns mit der Vorfreude auf den Tag erfüllen lassen, an dem Gott alles heil und gut machen wird.

Die Kirche ist dazu aufgerufen zu feiern! Mitten im Dunkeln. Verheißungsvoll. Ein Fest wie ein Vorglühen.

Die Kirche ist dazu aufgerufen zu feiern! Mitten im Dunkeln. Verheißungsvoll. Ein Fest wie ein Vorglühen. Kleine Vorzeichen für die große Party, die kommen wird. Eine Party alleine zu planen, macht nicht viel Spaß. Ich möchte Teil einer Kirche sein, die den Zehnten zusammenkratzt, Familienfeste plant und die Ordnungen der Welt dabei auf den Kopf stellt. Wenn ihr feiert, sagt Bescheid! Ich bin dabei. Ich bringe Kuchen mit.

4 Aussortieren

Was das Evangelium so anstößig macht, ist nicht, welche Leute es ausschließt, sondern wen es hineinlässt (...) Wir sind ganz gut darin, den Weg zu blockieren. Vielleicht haben wir Angst, wenn wir uns wegbewegen, benutzt Gott Menschen und Methoden, die uns nicht passen oder Regeln werden missachtet und Theologien infrage gestellt. Vielleicht haben wir Angst, dass diese ganze Geschichte mit der Gnade außer Kontrolle gerät, wenn wir den Weg freimachen. Aber, hey, das ist doch schon längst passiert! (...) Die Gnade ist jetzt schon seit über 2000 Jahren außer Kontrolle. Am besten gewöhnen wir uns dran.
Rachel Held Evans[11]

Neuen Wein füllt man in neue Schläuche
„Und die Jünger des Johannes und die Pharisäer fasteten; und sie kommen und sagen zu ihm: Warum fasten die Jünger des Johannes und die Jünger der Pharisäer, deine Jünger aber fasten nicht? Und Jesus sprach zu ihnen: Können etwa die Hochzeitsgäste fasten, während der Bräutigam bei ihnen ist? (...) Niemand näht einen Flicken von neuem Tuch auf ein altes Gewand; sonst reißt das Eingesetzte von ihm ab, das Neue vom Alten, und ein schlimmer Riss entsteht. Auch füllt niemand neuen Wein in alte Schläuche, sonst wird der Wein

die Schläuche zerreißen und der Wein und die Schläuche
verderben; sondern neuen Wein füllt man in neue Schläuche."

MARKUS 2,18.19A.21.22

Jesus sprengt die alten Formen und schafft Neues

Es scheint, dass Jesus seinen Kritikern von Anfang an einiges
an Futter geliefert hat. Nicht nur, dass er mit den Jüngern feiern
ging. Regeln und Ordnungen wurden von ihm in bestimmten
Situationen einfach außer Kraft gesetzt. Und Regeln gab es viele. Die frommen Juden lesen über sechshundert Vorschriften
aus der Tora, die wiederum viele neue Regelungen und Emp-
fehlungen nach sich ziehen. Zur Zeit Jesu hatten die Pharisäer
ein sehr enges religiöses System von Vorschriften entwickelt
und es gehörte auch zu ihren Aufgaben, auf ihre Einhaltung zu
achten. Und nun kam Jesus und bewegte sich mit einer inneren
Freiheit in diesem System, die jeden frommen Juden in Aufregung versetzt haben muss. Er stellte immer mal wieder mit
seinem Verhalten ihr Regelwerk in Frage, rückte Vergessenes in
den Mittelpunkt und schaffte Unwichtiges zur Seite. Die Leute
spürten: Hier war etwas ganz Neues auf dem Weg, das die alten
Formen nicht würden halten können.

Ich will an dieser Stelle ein wenig von den Anfängen unserer Gemeinde erzählen. Vor über zwanzig Jahren haben wir die
Jesus Freaks Stuttgart gegründet. Es ist mein Teil der engeren
Familie Gottes, mit dem ich bis heute zusammen Jesus nachfolge. Ich weiß, dass dieser Zeitraum angesichts der langen
Kirchengeschichte lächerlich kurz ist, und doch: für ein Leben
ist das schon eine ganze Menge an Jahren. Ich glaube, unsere
kleine Geschichte kann einen bescheidenen Beitrag leisten zur
großen Familiengeschichte. Und immer dann, wenn wir unser

Erleben mit offenen Herzen miteinander teilen, können wir etwas Neues von Jesus erkennen. „All unser Erkennen ist Stückwerk", schreibt der Apostel Paulus[12], und wenn wir unsere kleinen Stücke wie Puzzleteile zusammenlegen, dann verstehen wir vielleicht ein wenig mehr von dem größeren Bild. Deshalb brauchen wir einander. Deshalb ist es wichtig, dass wir unsere Geschichten miteinander teilen. Hier ist mein kleines Stück, erzählt aus meiner ganz subjektiven Sichtweise.

Einer der ersten Gottesdienste, den mein Mann Heio bei uns miterlebt hat, war ziemlich beeindruckend für ihn. An diesem Abend erzählte einer unserer Leute seine Lebensgeschichte. Da er ein Mensch mit einigen psychischen Problemen ist, der leicht stottert und sehr ausufernd erzählen kann, dauerte das Ganze ziemlich lange und das Zuhören war nicht einfach. Aber wir hatten ihm, dem sonst nur selten zugehört wurde, die Chance gegeben, uns sein Leben zu erzählen (wirklich sein GANZES langes Leben!). Diese Tatsache hat Heio berührt. Er sagte sich: Wenn in dieser Gemeinde so jemand ans Mikro darf, dann traue ich mich auch, hier etwas einzubringen. Und es war tatsächlich so: Wir wollten ein Ort sein, an dem jeder willkommen ist, eine Gemeinschaft, in der jeder gleich wichtig ist und seinen Platz finden kann. Ein Ort, an dem wir ehrlich sein können, mit allen unseren Zweifeln und Fragen, mit Süchten und Problemen – eben mit dem, was wir sind. Es sollte nicht um irgendwelche Formen und Dogmen gehen, sondern einfach nur um Jesus.

Eigentlich hatte ich überhaupt nicht die Absicht gehabt, eine neue Gemeinde zu gründen. Ich hatte gerade eine Stelle bei Drogenabhängigen in einer Stuttgarter Klinik begonnen und ich spürte hinter der Sucht der jungen Leute eine große Sehnsucht, die ich auch in meinem eigenen Herz fand: Ich wollte nicht angepasst mein Leben verbringen mit Eigenheim, Kohle,

Karriere. All das schien mir so unbedeutend für das EINE kostbare Leben, das wir haben. Ich wollte geliebt werden für das, was ich bin. Ich wollte echt sein, wollte mich nicht verstellen – schon gar nicht an einem Ort, an dem wir zusammen Gott begegnen wollten. Schon bald traf ich mich mit einer kleinen Gruppe von Menschen, denen es ähnlich ging. Wir sehnten uns nach einer geistlichen Heimat, die wir in den alten und bewährten Gemeinden nicht entdeckten. Damit will ich nichts gegen diese Gemeinden sagen – vielleicht wären solche Orte dagewesen, aber wir konnten sie damals für uns nicht finden. Vielleicht wollte Gott einfach etwas Neues tun, neuen Wein in neue Schläuche füllen, und dazu wählte er einen Haufen kaputter Freaks und ein paar seiner sehnsüchtigen, unzufriedenen Kinder aus. Wir trafen uns regelmäßig, im Park oder in irgendeiner WG, um miteinander abzuhängen

Vielleicht wollte Gott einfach etwas Neues tun, neuen Wein in neue Schläuche füllen und dazu wählte er einen Haufen kaputter Freaks.

und zu beten. Es gab keine festen Formen, jeder konnte kommen und durfte mitmachen. Irgendwann hörten wir von den Jesus Freaks in Hamburg und fanden, dass wir mit unserem Chaos und dem Wunsch, einfach Jesus nachzufolgen, ganz gut in diese Bewegung passten und schlossen uns ihr an. Wir hießen nun offiziell „Jesus Freaks Stuttgart", erlebten viel Zulauf und wurden auch schon bald zur Gemeinde. Wir hatten natürlich viele Probleme und gleichzeitig war auch unglaublich viel Feuer und Kreativität da. Wir stellten die „alten Ordnungen" und frommen Verhaltensweisen und Lebensstile in Frage und probierten viele neue Ideen aus. Wir taten es wie pubertäre Teenager: respektlos. Rebellisch. Auf der Suche nach unserem eigenen Weg. Hartnäckig hält sich in manchen Kreisen das Gerücht, dass die Jesus Freaks Abendmahl mit Chips und Bier feiern. Daran kann ich mich nicht erinnern. Aber es gab tatsächlich Zeiten, in denen wir uns fragten: Wie wichtig sind Oblaten, die am Gaumen kleben bleiben, und bitterer Wein? Worum geht es denn beim Abendmahl? War es nicht eigentlich Teil von einem ganz normalen Essen und ein Grund zu feiern? Also warfen wir einmal in fröhlicher Stimmung das Brot zwischen uns hin und her und vielleicht tranken wir auch mal Milch oder Cola, wenn gerade kein Traubensaft da war. Das mag den einen oder anderen Leser sehr befremden, ja sogar ärgern, und das kann ich auch verstehen. Aber ich glaube, für uns war es wichtig, dass wir einfach alles in Frage stellen durften, um damit den Dingen auf den Grund zu kommen und zu verstehen, warum wir etwas tun oder eben nicht. Es war wie ein Aussortieren. Manches kam als Gerümpel auf den Sperrmüll, manches warfen wir ins Feuer und manches Gold holten wir aus den Flammen wieder heraus. Ich glaube in etwa so war es. Und dazu brauchten wir vielleicht unseren eigenen Ort.

Wir stellten das alte Liedgut in Frage und bezweifelten, dass Gottes Geist tatsächlich nur durch angestaubte Lieder, deren Worte unseren eigenen nicht entsprachen, in die Herzen transportiert wird. Wir grölten unsere eigenen Songs wie auf einem Punkkonzert und klar und scharfkantig strömte Gottes Liebe in unser Herz. Wie gut – Gott scheint keinen bestimmten Musikstil zu bevorzugen!

Wir stellten in Frage, dass Gott nur durch Menschen redet, die – zumindest äußerlich – ihr Leben im Griff haben. Wir gaben das Mikrofon durch die Reihen und immer wieder traf uns Gottes Wort **Wir erkannten, dass unsere eigenen Fähigkeiten (oder Unfähigkeiten) keine so große Rolle zu spielen scheinen, wenn Gott reden will.** ins Herz, egal ob der Übermittler tätowiert, schwul, straight, psychisch erkrankt, süchtig oder ziemlich normal war. Wir erkannten, dass unsere eigenen Fähigkeiten (oder Unfähigkeiten) keine so große Rolle zu spielen scheinen, wenn Gott reden will. Er scheint sogar liebend gerne durch schwache Menschen zu reden – und durch den einen oder anderen Esel.

Wir fragten uns auch, ob man zum Gottesdienst tatsächlich nur geordnet und in schicken Klamotten gehen darf, oder ob wir nicht gerade hierher einfach so kommen können und sollten, wie wir sind? Gott müssen wir ja schließlich nichts vormachen. Wir fanden: Wenn jemand ein Alkoholproblem hat und zu Hause säuft, dann soll er das ruhig auch bei uns im Gottesdienst tun. Wer draußen raucht, kann es genauso gut auch in unseren Räumen tun. Als das Ganze aber mit der Zeit in einem ziemlichen Chaos endete, bei dem Jugendliche sich bei uns betranken und wir vor lauter Qualm den Prediger auf der Bühne nicht mehr sehen konnten, haben wir es dann doch etwas eingedämmt.

Wir warfen allen frommen Jargon über Bord – Worte, die schön klangen, für uns aber wenig Bedeutung hatten. Wir lernten über die heiligen Dinge Gottes in unserer eigenen Sprache zu reden und erlebten auch hier: Gott kommt mit unserer „Alltagssprache" ganz gut klar. Und manches verstanden wir dadurch zum ersten Mal wirklich – tief in unserem Herz. Manche über Bord geworfenen Worte holten wir auch zurück, weil wir sie vermissten und weil es keine schönere Art gibt, das auszudrücken, was sie bedeuten.

Wir hörten von der 24-7-Gebetsbewegung in England und lernten, dass Beten eine tolle Sache ist, bei der wir nicht gelangweilt im Stuhlkreis sitzen müssen, während die Zeit dahinschleicht. Unsere Gebete wurden zu Gemälden an den Wänden, zu Gedichten, zu wilden Tänzen und zu Stillem-auf-dem-Sofa-Liegen. Wir beteten auch mal wochenweise, Tag und Nacht, und verliebten uns in diesen Gebetsnächten noch ein bisschen mehr in Gott. Wir begriffen, dass es nichts Schöneres gibt, als mit ihm unsere Zeit zu verbringen. Wir lernten gemeinsam und versuchten, besser aufeinander zu achten. Ich glaube, wir erlebten vor allem eines: einen Ort der Gnade. (Und Gnade ist eins der schönen Wörter, das wir zurückgeholt haben, das uns umarmt und nicht loslassen will!) Wir durften alles Alte in Frage stellen, wir durften Neues ausprobieren, hinfallen, unsere Knie aufschürfen und weitermachen. Und natürlich waren unsere Probleme so offensichtlich da! Es gab Schlägereien zwischen Gemeindemitgliedern, Ruhestörungen und Polizeieinsätze, Verletzungen und Streitigkeiten. (Wenn man sich nicht über kleine theologische Fragen streitet, dann eben über die Farbauswahl beim Renovieren ...)

Einmal bat ich meinen Chef, früher von der Arbeit gehen zu können, weil ich noch einen Freund aus der Gemeinde besuchen wollte, der gerade im Gefängnis saß. Er schüttelte nur den Kopf und meinte: „Was kennst du denn für Leute? Und die gehen wirklich alle in deine Gemeinde?" Ja, so war es. Selten machten wir evangelistische Einsätze auf der Straße – die Leute kamen einfach. Vielleicht war es ein bisschen so, wie wenn aus einer Bäckerei der Duft nach frischen Brötchen auf die Straße strömt und ein Schild alle einlädt, umsonst zu essen. Die Hungrigen werden kommen! Und die Hungrigen kamen. Freaks, Obdachlose mit Hunden und Mädels mit Ratten auf den Schultern, psychisch Kranke und viele „fromme Kinder", die ihr Erbe ausmisten wollten. Oft waren es Menschen, die niemals eine Kirche betreten würden, die aber Sehnsucht nach dem echten Jesus hatten. Und dass sie ihn fanden, in unseren Reihen, das ist das große Wunder der Gnade. Das lässt mich auf die Knie gehen vor einem Gott, der es ertragen kann, wenn wir alles infrage stellen, wenn wir rebellieren und die ganze Wohnung auf den Kopf stellen und alles kurz und klein schlagen, um dann auf seinen Schoß zu klettern und zu fragen: „Liebst du uns? Liebst du uns, wenn wir so sind? Und auch wenn wir ganz anders sind?" Er liebt uns. Immer. Das ist die gute Nachricht. Auch wenn ich nach erfolgreicher Predigt wieder vor einem Porno absacke und mich mit Essen vollstopfe, bis ich erbreche. Das nächste Mal, wenn ich zum Mikro greife, wird seine Liebe wieder durch mich strömen, genauso wie durch den Pastor, der in der Parallelstraße predigt, und vielleicht mit Stolz und Geiz zu kämpfen hat. Genau das habe ich erlebt. Und ich werde mich nie mehr schämen, diesem Gott zu folgen.

Klar, wollten wir die Dinge auf die Reihe kriegen. Die Aufforderung von Jesus: „Tut Buße, das Reich Gottes kommt!",[13] gilt doch auch für uns. Aber wie bei Zachäus, der am Tisch mit Jesus saß, mit ihm Zeit verbrachte und am Ende etwas davon stammelte, dass er die Leute nicht mehr abzocken wolle, so wuchs auch in uns die Sehnsucht, das ein oder andere besser hinzubekommen. Nicht damit Jesus uns am Ende mehr lieben würde. Sondern einfach, weil die Nähe von Jesus das macht. Beziehungen verändern uns. Seitdem ich mit Heio verheiratet bin, der ein inniger Bayern München-Fan ist, schlägt mein Herz tatsächlich auch ein bisschen für diesen Verein. (Wie gut, dass mein Mann einen Verein ausgesucht hat, der meistens gewinnt. Der Mann meiner armen Freundin ist VFB Stuttgart-Fan!) Und manche Eigenarten versuche ich mir ein bisschen abzugewöhnen, weil sie für unsere Beziehung nicht so toll sind (zum Beispiel, dass ich beim Frühstück am liebsten kein Wort reden würde oder dass ich eigentlich nicht schlafen kann, wenn etwas neben mir atmet). Ich lerne, mich ihm zuzumuten, auch mit meinem Dunkel, das ich lieber verbergen würde. Ich erlebe, wie heilend und befreiend sich diese verlässliche Liebesbeziehung in meinem Leben auswirkt. Und ein bisschen erleben wir das so ja auch mit Jesus. Wenn wir mit ihm Zeit verbringen, dann kann es passieren, dass unser Herz plötzlich für „seinen Verein" schlägt und dass man manches innerlich nicht mehr so kann, weil die Liebe uns verändert hat, oder wir es einfach nicht mehr brauchen, wenn er in der Nähe ist. Manches wird durch ihn anders, besser, heiler und neu. Buße ist tatsächlich eine ziemlich gute Sache.

Aber ich denke, wenn die Jesus Freaks eine Botschaft hatten und haben in der großen Familiengeschichte Gottes, dann ist es die: Gott liebt uns! Nicht die Version von uns, die wir gerne hätten, sondern er liebt uns genauso wie wir sind. Auf dem Weg. Halb fertig. Manchmal wild um uns schlagend. Er ist ziemlich verrückt vor Liebe. Er rennt uns mit sehnsüchtigem Herz entgegen, JEDES MAL, wenn wir wieder reumütig zu ihm umkehren, egal wie fertig wir sind, egal wie dreckig wir uns gemacht haben. Er schließt uns in die Arme und sagt: Wie schön, dass du da bist! Willkommen zu Hause! Ich hab dich vermisst. Das ist die Botschaft der Gnade. Wo anders als in der Kirche sollte man sie finden?

> **Wenn die Jesus Freaks eine Botschaft haben in der großen Familiengeschichte Gottes, dann ist es die: Gott liebt uns genauso wie wir sind.**

Unwichtiges von Wichtigem trennen

Am Anfang des Kapitels habe ich darüber geschrieben, dass Jesus mit seinem Verhalten auch vieles infrage gestellt hat, was sich fromm und richtig anfühlte. Sicher ist das nicht mit unserer rebellischen Haltung zu vergleichen. Aber Jesus hielt sich auch nicht mit Äußerlichkeiten auf. Er kam auf die tieferen Dinge zu sprechen. Er redete nicht über Opfervorschriften, er redete über Gehorsam. Er philosophierte nicht über den Sabbat, sondern er zeigte den Wert des Menschen, um dessentwillen der Sabbat gemacht wurde. Er ließ sich nicht von großen Gesten beeindrucken. Er sah das Herz. Als einer der Gesetzeslehrer ihn fragte, welches der vielen Gebote seiner Meinung nach das Wichtigste sei, sagte Jesus einfach: „Liebe Gott – mit allem was du bist. Das ist das Wichtigste. Und dann liebe deinen Nächsten wie dich selbst. Wenn du das befolgst, hast du das ganze Gesetz erfüllt. Tu das und du wirst leben!"[14] DAS nenne ich mal zum Kern der Dinge kommen. Bei Jesus lernten seine Jünger etwas darüber, worauf es letztlich ankommt in Gottes Reich: sich nicht mit Unwichtigem aufzuhalten. Manches Vertraute über Bord zu werfen. Und immer wieder sprengte er ihr Denken darüber, was Gott tut, wo er auftaucht und wo er ganz bestimmt nicht sein kann. Ich glaube, wenn wir Jesus folgen, wird es uns irgendwo auf diesem Weg ganz ähnlich gehen. Wir werden Dinge aussortieren und auf den Kern des Evangeliums stoßen.

Vielleicht würde ein bisschen Aussortieren unseren Gemeinden und Kirchen von Zeit zu Zeit einfach gut tun. Wir müssen ja nicht alles infrage stellen, aber wir könnten uns immer wieder infrage stellen lassen. Warum tun wir die Dinge so, wie wir sie tun? Warum ist uns das so wichtig? Brauchen wir das wirklich? Könnte das nicht auch noch ganz anders gehen? Ist vielleicht etwas Neues auf dem Weg? Und wir können Gott bitten, uns bei den Antworten zu helfen. Ich glaube, dass er immer wieder unsere Weinschläuche sprengt und die Gnade verschüttet wird und sich ihren Weg bahnt zu den Durstigen. Wir brauchen Formen, das ist keine Frage. Aber wir sollten nicht davon ausgehen, dass irgendeine Form Gott halten kann. Er ist immer größer. Immer dabei, Neues zu

Ich glaube, dass er immer wieder unsere Weinschläuche sprengt und die Gnade verschüttet wird und sich ihren Weg bahnt zu den Durstigen.

tun. Und immer wieder ruft er uns auf, aus verhärteten Strukturen aufzubrechen, in uns und in unseren Gemeinden. Er ruft uns heraus aus unseren eigenen Vorstellungen. Manchmal ruft er uns hinein in das Altvertraute oder in etwas ganz Neues.

Vielleicht ist es an der Zeit,
die alten Kisten aus dem Keller zu holen,
vergilbte Briefe und alte Verheißungen
in die Kiste der Dankbarkeit zu legen,
zu den wertvollen Schätzen,
die man am besten nicht antastet.
Vielleicht ist es an der Zeit,
schmerzvolle Bilder in Ruhe zu betrachten,
noch einmal Tränen über die Seele waschen zu lassen,
bevor wir sie auf den Berg der „Dinge, die weg können" legen.

Vielleicht ist es an der Zeit,
billigen Schund und alten Plunder zu verbrennen,
zusammen mit den Klamotten,
aus denen wir längst rausgewachsen sind.
Bewahren. Aussortieren. Loslassen.
Und danach den Staub aus den Kleidern schütteln,
den freien Raum betrachten
und das Lächeln von dem auffangen,
der Neuanfänge liebt.

5 Notaufnahme

There's a crack in everything,
that's how the light gets in.
Leonard Cohen[15]

Zöllner und Sünder

„Und da war eine große Menge von Zöllnern und anderen, die mit ihnen zu Tisch lagen. Und die Pharisäer und ihre Schriftgelehrten murrten gegen seine Jünger und sprachen: Warum esst und trinkt ihr mit den Zöllnern und Sündern? Und Jesus antwortete und sprach zu ihnen: Nicht die Gesunden brauchen einen Arzt, sondern die Kranken; ich bin nicht gekommen, Gerechte zu rufen, sondern Sünder zur Buße."

LUKAS 5,29B-32

In der Kirche sitzen die Leute, die Heilung brauchen

Und Jesus goss weiter seinen „neuen Wein in neue Schläuche". Er wandte sich denen zu, die so offensichtlich ihr Leben nicht auf der Reihe hatten, den Sündern, den Abzockern, den Verletzten, Verachteten und Kranken. Alles Leute, die dringend einen Retter brauchten!

In unserer Gemeinde schaute Peter (Name geändert), ein Obdachloser, regelmäßig vorbei. Manchmal saß er, wie er es gewohnt war, auf der Straße, neben unserer Eingangstür und

bettelte um Geld. Aber er kam auch in unsere Gottesdienst-
räume, setzte sich auf eins der Sofas, trank einen Kaffee mit
uns, redete mit jemandem oder ließ für sich beten. Meistens
verfolgte er den Gottesdienst, seufzte laut während der Predigt
und nahm am Abendmahl teil. Einmal organisierten die Jungs
einen „Männertag". Sie fuhren zu einem Grillplatz und taten
dort all das, was Männer so tun, wenn sie unter sich sind (was
auch immer das ist). Auch Peter wurde von einem Freund im
Obdachlosenheim abgeholt. Später hörte ich, dass er begeistert Federball gespielt und den Tag sehr genossen hatte. Ehrlicherweise muss ich sagen, dass es nicht immer einfach war,
ihn dabei zu haben. Er roch ziemlich intensiv, verteilte seinen
Kaffee über den frisch geputzten Boden, manchmal fing er an
zu schreien und ließ sich kaum beruhigen. Wir beteten um
Befreiung für ihn, aber leider wurde es nicht wirklich besser.
Aber immer, wenn wir uns zum Gottesdienst trafen, war er da.
Einmal vertraute er mir an: „Ich gehe auch manchmal in andere Gemeinden, aber hierher komme ich am liebsten. Ihr seid
genauso fertig wie ich." Mein erste Gedanke war: Was denn,
so fertig sind wir doch auch wieder nicht, oder?! Aber etwas an
dieser Bemerkung war auch wie eine besondere Auszeichnung
für uns. Jemand, dessen Platz unter der Woche am Straßenrand
war, fühlte sich wohl bei uns. Er spürte: Hier sind Leute, die
ziemlich fertig sind und Jesus brauchen. Genau wie ich. Hier
bin ich richtig.

Philipp Yancey vergleicht in seinem wunderbaren kleinen
Buch „Auf der Suche nach der perfekten Gemeinde" die Kirche mit einer Notaufnahme. Er schreibt dazu: „Früher war ich
empört, wenn jemand dem Christentum vorwarf, eine religiöse
Krücke zu sein, ein Glaube, der die Armen und Verkrüppelten
anzieht und solche, die eben nicht allein zurechtkommen. Aber
je häufiger ich das Evangelium und die Propheten lese, desto

bereitwilliger bekenne ich mich zur ‚Krücke' des Glaubens (...)
Offen gestanden hat das Evangelium Menschen, die ihre Be-
dürftigkeit nicht eingestehen, wenig zu bieten."[16]

Meistens erinnert mich meine Gemeinde tatsächlich mehr
an eine Notaufnahme als an eine erhabene Versammlung.
Ich bin Krankenschwester und habe auch mal für kurze Zeit
in der Notaufnahme gearbeitet. Oft war es chaotisch, man hatte
keine Ahnung, wer als Nächster
zur Tür reinkam, immer blutete **Vor Gott und in einer Notauf-**
jemand, manche drängten sich **nahme sind tatsächlich alle**
vor, waren ungeduldig und die **Menschen gleich.**
Sehnsucht nach dem Arzt war bei
uns allen meistens riesengroß. Und egal wie „wichtig" manche
Leute waren oder wie fertig sie hereinstolperten – ich glaube,
man kann sagen: Vor Gott und in einer Notaufnahme sind tatsächlich alle Menschen gleich. Und wenn ich sehe, wie der
Abendmahlskelch sonntags durch die Reihen gegeben wird,
dann erkenne ich etwas davon wieder. Wir sind die Gemeinschaft der Zerbrochenen, der Kranken, die hier sind, weil sie
einen Erlöser brauchen.

Schluss mit der Zweiklassengesellschaft

Ich war natürlich auch schon öfter als Patientin in der Notaufnahme. Ich saß auf einem der unbequemen Stühle, blätterte
durch die schlechten Zeitschriften und trank widerwillig den
schlechten Kaffee aus dem Plastikbecher. Der Service könnte
wirklich besser sein. In jedem Restaurant wäre ich schon längst
aufgestanden und wieder gegangen. Aber in der Notaufnahme
bleiben wir sitzen. Unser Schmerz hält uns davon ab, wieder zu
gehen. Wir sind hier, weil wir einen Arzt brauchen, und hoffen,

dass er uns helfen kann. Wenn man so will, verbindet das auch die Leute, die hier zusammensitzen. Man schaut einander mitleidig an (und versucht gleichzeitig abzuchecken, wie lange die Erkrankung des anderen den Arzt wohl in Beschlag nehmen wird).

Auf die vorwurfsvolle Frage der Pharisäer an die Jünger, warum Jesus mit den Sündern und Zöllnern am Tisch sitze, antwortet Jesus selbst. Wie gut! Wahrscheinlich hätten die Jünger nur was zusammen gestottert, weil sie selbst noch keine wirkliche Ahnung hatten, was eigentlich abging. Jesus sagt ganz einfach: „Die Gerechten brauchen mich nicht. Ich bin der Arzt, der für Kranke gekommen ist." Und dann wendet er sich wieder den Zöllnern und Sündern zu und isst in aller Ruhe mit ihnen weiter. Oh Mann, ich liebe ihn!!!

Leider denken wir in unseren Kirchen und Gemeinden oft: Die Leute draußen sind diejenigen, die Jesus brauchen. Wir sind die Gesunden, die ihnen dienen können und ihnen zeigen, wo sie Hilfe bekommen. Und in dem Versuch, das alles ein bisschen zu ordnen, unterscheiden wir zwischen Mitarbeitern und „normalen Besuchern". Und für die ganz Fertigen haben wir ein Seelsorgeteam am Start. Aber ich glaube, was unseren Kirchen richtig gut tun würde, ist die Erkenntnis, dass wir alle zur Gruppe der Fertigen gehören. Dass wir nebeneinander stehen und eine Nummer ziehen und darauf warten, dass Jesus uns heil macht.

Was unseren Kirchen richtig gut tun würde, ist die Erkenntnis, dass wir alle zur Gruppe der Fertigen gehören.

Der ehemalige Mönch und Alkoholiker Brennan Manning schrieb über das Evangelium der Gnade Folgendes: „Jesus macht Schluss mit der Zweiklassengesellschaft, die es in vielen Gemeinden gibt. Denn Gnade verkündet die Ehrfurcht gebietende Wahrheit, dass alles Geschenk ist."[17] Vielleicht liegt hier die Wurzel zu einem der Hauptvorwürfe die man der Kirche oft macht: „Das sind doch alles nur Heuchler." Unfair. Finde ich auch. Und trotzdem spürt die Welt da draußen vielleicht, dass wir etwas von dieser Zweiklassengesellschaft in uns tragen (die ich in meiner Kindheit auch gespürt habe). Vielleicht weil wir denken, als Christen müssten wir die Dinge besser im Griff haben als der Rest der Welt. Wir wollen ja Jesus möglichst gut vertreten. Und wir wollen Antworten geben auf die wichtigen Fragen und da bleibt oft wenig Raum für Zweifel und Fragen, für unsere eigenen Probleme und Zerbrochenheiten. Natürlich kennen wir das alles auch selbst – von früher. Bevor wir Jesus begegnet sind. Aber die Annahme, seitdem wir Jesus kennen, hätten wir alles auf der Reihe, macht letztlich so viel Sinn wie zu denken: Wenn der Arzt in den Raum gekommen ist, können wir als geheilt entlassen werden. Vielleicht tut es uns allen gut zu hören: Wir müssen die Dinge gar nicht gleich auf die Reihe bekommen, nur weil wir Christen sind! Wir müssen auf Gott keinen guten Eindruck machen. Wir können uns zeigen, wie wir sind. Im Vertrauen darauf, dass wir genau so angenommen und geliebt sind. Das zumindest ist der Zuspruch der Gnade. Und das könnte ruhig öfter mal für ein großes Aufatmen unter uns sorgen. Wir selbst sind die Zöllner und Sünder, die Jesus brauchen. Manche tragen ihre Zerbrochenheit nach außen sichtbar (so wie unser Peter), andere von uns tragen sie innen. Ja, wir sind Heilige – Herausgerufene, Kinder Gottes. Aber die Heilung und Wiederherstellung dauert oft ziemlich lange. Zumindest ist das bei mir so.

Wir warten gemeinsam auf Jesus

Vielleicht sollten wir auch der Versuchung widerstehen, einander mal eben schnell in Ordnung bringen zu wollen. Oder Ferndiagnosen zu stellen. Listen der schlimmsten Erkrankungen auszuhängen. Doch, wir dürfen einander darauf aufmerksam machen, wo wir uns verletzen und wehtun. Aber die Heilung, das Stellen der Diagnose, die Entscheidung, wie dringlich die Behandlung und welches Problem vorrangig ist und welches vielleicht auch nicht – all das überlassen wir Jesus. Ihm will ich meine Geschwister anvertrauen. Und auch mich selbst.

Ach ja, da ist so einiges in mir, das Heilung braucht! Ich brauche Gottes Hilfe, damit ich nicht so sehr darauf bedacht bin, Menschen zu gefallen. Ich brauche ihn, damit ich keine ständig nörgelnde Ehefrau bin. Ich brauche Jesus, damit er mir hilft, geduldig mit meinem kleinen Sohn zu sein und mit mir selbst. Ich brauche ihn, damit ich nicht AUSFLIPPE, wenn alles so unordentlich bei uns ist. Ich brauche ihn, um rauszufinden, wie ich den Sabbat heiligen kann. Ich brauche ihn STÄNDIG, um liebevoll über andere zu denken. Ich brauche ihn, damit meine Sexualität heiler wird und mich nicht alte Bilder verführen. Ich brauche ihn, damit ich mich nicht andauernd niedermache und damit ich mich nicht überhebe. (Ich kann beides ziemlich gut. Beim Schreiben des Buches schwanke ich zwischen: „Das ist ein Riesenmist!" und „Das wird ein Bestseller!" – Diagnose: Stolz!) Ach, ich könnte noch ewig so weitermachen. Der Punkt, der hoffentlich angekommen ist, ist folgender: ICH BRAUCHE JESUS! Ich brauche ihn jeden Tag. Jede Minute am Tag. Jeden Morgen gehe ich vor

Jeden Morgen gehe ich vor ihm auf die Knie und strecke ihm meine leeren Hände entgegen und sage ihm: „Jesus, liebe mich gesund."

ihm auf die Knie und strecke ihm meine leeren Hände entgegen und sage ihm: „Jesus, liebe mich gesund."

Ich bin nun seit über vierzig Jahren mit Jesus unterwegs. Entgegen meiner früheren Annahme, dass ich innerhalb kürzester Zeit alles schön auf die Reihe kriegen sollte, damit mich Jesus dann gebrauchen kann, um anderen zu dienen, erkenne ich mit den Jahren, dass wir wohl immer auf Gottes Heilung angewiesen sind. Dass es im besten Fall so ist, wie Henri Nouwen es ausdrückt: Wir sind verwundete Heiler, die etwas von seiner Liebe in diese Welt tragen können.

Macht mich das zu einem egoistischen, immer jammernden Jesusnachfolger? Das glaube ich nicht. Es lehrt mich die Demut, die Anerkennung meiner Abhängigkeit von Jesus. Lecke ich damit meine Wunden und traue Jesus nicht zu, dass er mich verändern kann? Die Gefahr könnte durchaus bestehen. Aber ich merke auch: Wenn ich mich in der Nähe Jesu aufhalte, dann macht seine Liebe mich langsam heil. Und ich bin für jedes Wunder offen. Aber meistens fühle ich mich wie eine dankbar Genesende, die über die Station hüpft und versucht, dem einen oder anderen, dem es schlechter geht, ein bisschen die Kissen zurechtzurücken, einen Kaffee zu besorgen oder einfach nur neben seinem Bett zu sitzen und ihm die Hand zu halten.

Du und ich: Wir warten auf unsere Heilung.
Die Kirche wartet auf ihre Heilung.
Die Welt wartet auf Heilung.

Der Schweizer Theologe Karl Barth schreibt über die Kirche: Sie „existiert (...) um in der Welt ein neues Zeichen aufzurichten, das radikal verschieden ist vom Wesen der Welt, und das der Welt auf eine Art widerspricht, die voller Verheißung ist."[18]

Der Weg der Welt ist: Zeige deine Schwachheiten nicht. Gib nur das zu, was unbedingt sein muss. Sei stark und mach dich bloß nicht verletzlich. Dem könnten wir verheißungsvoll widersprechen: Zeige dich wie du bist. Sei mutig und lass uns an deinen Kämpfen Anteil haben. Nimm jede Krücke an. Wir sind alle bedürftig. Wir brauchen einander. Wir brauchen Jesus.

Die Wunden der anderen verstehen lernen

Und was ist, wenn wir das in unseren Kirchen so wenig erleben? Wenn es uns geht wie dem Mann meiner Freundin, der mir sagte: „Christina, wenn ich Leute brauche, die mich verstehen und mit denen ich ehrlich sein kann, dann gehe ich nicht in die Kirche, sondern in meine AA-Gruppe!" (Er meint das Treffen der Anonymen Alkoholiker.) Soll ich sagen: Dann such dir 'ne neue Gemeinde? Ich weiß es nicht. Vielleicht ja. Vielleicht nicht. (Mein Mann wird an dieser Stelle wahrscheinlich die Augen verdrehen und stöhnen: So eine postmoderne Antwort!) Aber ich frage mich, wie Jesus antworten würde. Man könnte ihn natürlich fragen. Und noch einmal hingehen. In die Kirche. Wir könnten Jesus bitten, uns seinen Blick für die Menschen zu zeigen, wenn wir in die geordneten Reihen schauen. Vielleicht macht er uns zu Sehenden. Und damit ein wenig zu Verstehenden.

Ein kluger Benediktinermönch aus Jerusalem antwortete in einem Radiointerview einmal auf die Frage, wie seiner Meinung nach Versöhnung im Heiligen Land geschehen könne: „Ich glaube, es gibt kein Konzept, keine schnelle Lösung. Es geht darum, dass wir die Wunden der anderen verstehen lernen." Vielleicht liegt darin auch die Heilung für die oft so zerstrittene Kirche. Die Heilung für alle Selbstgerechtigkeit und die Kämpfe gegeneinander. Wir könnten Gott bitten, dass wir die Wunden der anderen verstehen lernen. Und vielleicht können wir damit eine kleine Ecke schaffen, in der wir uns ehrlich in die Augen blicken und uns gegenseitig sagen: „Schau, so geht es mir. Hier sind meine Wunden. Und wie geht es dir? Lass uns doch zusammen beten." Dann wären wir schon ganz nah dran, der Welt zu widersprechen.

6 Ent-täuscht

Unzählige Male ist eine ganze christliche Ge-
meinschaft daran zerbrochen, dass sie aus einem
Wunschbild heraus lebte (...) Erst die Gemeinschaft,
die in große Enttäuschung hineingerät mit all ihren
unerfreulichen und bösen Erscheinungen, fängt an
zu sein, was sie vor Gott sein soll, fängt an, die ihr
gegebene Verheißung im Glauben zu ergreifen.
Dietrich Bonhoeffer[19]

Alle suchen dich!
„Und [Jesus] heilte viele an mancherlei Krankheiten Leidende,
und er trieb viele Dämonen aus (...). Und frühmorgens, als es
noch sehr dunkel war, stand er auf und ging hinaus und ging
fort an einen einsamen Ort und betete dort. Und Simon und
die, die mit ihm waren, eilten ihm nach; und sie fanden ihn
und sagen zu ihm: Alle suchen dich. Und er spricht zu ihnen:
Lasst uns anderswohin in die benachbarten Marktflecken
gehen, damit ich auch dort predige; denn dazu bin ich
ausgegangen."
MARKUS 1,34–38

Überforderte Jünger

In der Provinz Galliäa sprach sich die Nachricht schnell herum: Da war einer, der sich über die Nöte der Menschen erbarmte, der über Gott auf eine Art und Weise sprach, die den Sündern und Außenseitern der Gesellschaft Mut machte. Er konnte Kranke gesund machen, Dämonen flohen vor ihm und Menschen wurden in seiner Nähe heil und frei. Und alle kamen, um ihn zu sehen. Kranke wurden auf Tragen gebracht, manche schleppten sich auf Krücken oder mit Fieber zum Marktplatz und der eine oder andere Aussätzige versuchte unauffällig in seine Nähe zu kommen. Und da waren natürlich auch die vielen Schaulustigen, Skeptiker und Interessierten, die sich um ihn sammelten. Alles in allem fühlten sich die Jünger wahrscheinlich tatsächlich oft wie in einer Open-Air-Notaufnahme. Es gab so viel Not und so viel zu tun. Kein Wunder, dass Jesus früh am Morgen aufstand, als es noch dunkel war. Aber zu ihrem Erstaunen eilte er nicht zu der erwartungsvollen Menschenmenge. Sie fanden ihn an einem einsamen Ort ins Gebet versunken. Und sie drängten ihn mitzukommen. Wartende Kranke. Überforderte Jünger. Und die Hoffnung, dass Jesus auftauchen würde, um alle Nöte zu lindern. Irgendwie erinnert mich das an die Gemeinde, an den Ort, an dem Menschen mit ihren Nöten auftauchen – in der Hoffnung, auf Jesus zu treffen. Stattdessen treffen sie erst mal auf seine ziemlich überforderten Jünger, die ihr Bestes versuchen, um die Nöte wahrzunehmen und mitzuhelfen und dabei oft selbst am Rande ihrer Kraft sind.

Die Kirche ist der perfekte Ort, um sich aufzureiben

Gestern Abend saß ich mit einer Freundin zusammen, die schon seit längerer Zeit nicht mehr in unsere Gemeinde kommt. Wir haben lange Seite an Seite „gekämpft", waren gemeinsam im Leitungsteam, haben Probleme gewälzt, Menschen ermutigt, versucht auf Gott zu hören und gemeinsam vorwärtszugehen. Irgendwann wurde sie müde. Das Leben hatte sie über einen langen Zeitraum ziemlich gebeutelt. Wunden aus der Vergangenheit drängten nach oben und sie empfand unsere Gemeinde zusätzlich als einen sehr anstrengenden Ort, den sie erst mal lieber meiden wollte. Und das kann ich gut verstehen. So sehr ich unsere Gemeinde liebe – wir schlittern tatsächlich oft von einer Krise in die nächste. Und meine Freundin wünschte sich einfach mal eine Pause. Diese Pause zieht sich jetzt aber schon ein paar Jahre hin. Jedes Mal wenn wir uns treffen, umkreisen wir vorsichtig das Thema Gemeinde. Es ist ein bisschen wie ein Minenfeld, das ich lieber meiden würde. Aber wir kommen trotzdem darauf zu sprechen. Auch gestern. Sie sagte, dass sie uns vermisse und eigentlich gerne wiederkommen würde. Aber sie denkt, dass sie einfach nichts zu geben hat. Sie würde sich ja gerne einbringen, aber es gehe nicht. Ich versichere ihr, dass sie einfach kommen kann, ohne irgendetwas zu tun, aber ich spüre: Der Gedanke an Gemeinde ist trotzdem weiterhin einfach anstrengend für sie. Ich verspreche, ihr Bescheid zu geben, wenn sich unsere Gemeinde „stabilisiert" hat und es ruhiger bei uns wird – aber ich fürchte, das könnte noch ziemlich lange dauern. Vielleicht sogar so lange bis Jesus wiederkommt.

Ehrlicherweise muss das auch gesagt sein: Gemeinde ist ein wunderbarer Ort, aber es ist auch ein Ort, an dem gekämpft wird, an dem anstrengende Menschen aufeinandertreffen und zu dem Leute mit vielen Nöten kommen – oft mit der berechtigten Erwartung, gesehen und mitgetragen zu werden. Leute bleiben trotz intensiver Gebete chronisch krank oder einfach nur chronisch schlecht gelaunt, wir machen Fehler und verletzen einander, Babys schreien, ständig werden Mitarbeiter für den Kinderdienst gesucht und wer am Ende vom Gottesdienst zu lange trödelt, muss vielleicht auch noch alle Kaffeetassen abspülen.

Die Kirche ist der perfekte Ort, um sich aufzureiben. Man kann sich mit großen Idealen in die Sache werfen, bereit, alles zu geben und Jesus zu dienen, und irgendwann ist die Kraft weg. Oder der Idealismus. Oder beides. „Die Gemeinde frustriert uns hin zur Heiligkeit", schreibt Richard Rohr, „indem sie uns eine strahlende Vision vor Augen hält und uns dann einlädt, uns der weniger glanzvollen Realität anzuschließen (...) Zum geistlichen Dienst gehören Stress und persönliche Opfer, die selbst die hingegebensten Mitarbeiter ermatten lassen. Es mag seliger sein zu geben, als zu nehmen, aber es ist auch ermüdender."[20]

Ja, es ist manchmal unglaublich ermüdend, Woche für Woche hinzugehen in der Bereitschaft zu dienen. Und hier mal ein großes DANKE an jeden, der bereit ist, das zu tun, in stiller Treue, Jahr für Jahr. Euer Beitrag ist unendlich wertvoll und ich hoffe, ihr erlebt immer wieder das Strahlen Jesu über euch! Aber manche von uns überfordern sich auch gnadenlos und brennen aus.

Ausgebrannt

Zweimal bin ich in meinem Dienst für Jesus total zusammengekracht. Ich habe gebrannt für Jesus, alles gegeben und ich bin ausgebrannt. Das ist nicht wirklich die Schuld der Kirche, aber sie hat doch einiges zu meiner Krise beigetragen. Ich weiß inzwischen, dass ich Anteile in meiner Persönlichkeit habe, die so eine Überlastung sehr begünstigen. Ich wurde mit sehr sensiblen Sensoren von meinem Schöpfer ausgestattet. Wenn ich einen Raum betrete, spüre ich sehr schnell die Stimmung der Einzelnen. Ich nehme Nöte wahr, Konflikte, Erwartungen – diese Empfindsamkeit ist eine Gabe, aber wie jede Gabe kann sie auch zerstörerisch sein, wenn ich mich von ihr beherrschen lasse und jede Erwartung und Not als persönlichen Auftrag an mich verstehe.

An unzähligen Sonntagen kam ich abends von unserem Gottesdienst nach Hause und ich fühlte mich ausgelutscht wie eine übriggebliebene Zitrone im Colaglas. Anstatt in der Gemeinschaft mit anderen aufzutanken, hatte ich alles gegeben, was ich hatte: gepredigt, für Leute gebetet, Probleme angehört, in Lücken gesprungen, die sich aufgetan hatten, mich bei Mitarbeitern bedankt, neue Gäste willkommen geheißen, noch schnell für den Putzdienst am nächsten Tag eingetragen und dann müde nach Hause gewankt. Ich weiß, darüber kann man nur den Kopf schütteln. Aber ich wollte es gut machen. Wollte alles für Jesus geben. Und ich war auch mit Feuereifer dabei. Ich startete mit der Energie und Schnelligkeit eines Hundert-Meter-Läufers in ein Marathonrennen. Aber am Ende war ich eine der vielen in unserer Bewegung, die nach ein paar Runden erschöpft zusammengebrochen sind und nichts mehr tun konnten.

Im Rückblick denke ich, dass uns die „Trainer" gefehlt haben. Menschen mit einiger Erfahrung in der Gemeindearbeit. Wir hätten vielleicht hören müssen, dass die Gemeinde immer

An unzähligen Sonntagen kam ich abends von unserem Gottesdienst nach Hause und ich fühlte mich ausgelutscht wie eine übriggebliebene Zitrone im Colaglas.

Raum bietet für Not und Chaos und es nicht unsere Aufgabe ist, dem allen gerecht zu werden. Wir hätten Menschen gebraucht, die uns sagten: „Es ist gut. Gib, was du gut geben kannst und um den Rest wird sich Gott schon kümmern. Ihr seid eingereiht in zweitausend Jahre Kirchengeschichte und zu keinem Zeitpunkt ist die Kirche den Ansprüchen gerecht geworden, hat alle Nöte gelöst und alle Probleme beseitigt. Es ist in Ordnung, wenn ihr auch nicht damit fertig werdet." Langsam lerne ich, Gemeinde genau so zu sehen. Wie Eugene Peterson es so treffend ausdrückt: „Die Gemeinde besteht immer zu gleichen Teilen aus Chaos und Mysterium."[21] Es ist keine endlose Aufgabe, die ich lösen muss. Ich darf daran teilhaben und mein eigenes Chaos mitbringen, in der Hoffnung, dass Jesus mich heil macht.

Und letztlich war mein Zusammenbruch der Beginn eines Heilungsprozesses. Ich erlebte: Es geht weiter, auch ohne mich. Ich war keine tragende Säule, ohne die nun alles zusammenkrachte. Es war nicht MEINE Gemeinde, sondern GOTTES GEMEINDE. In Therapie- und Seelsorgestunden lernte ich meinen inneren Antreiber in die zu Augen schauen, so lange bis sie sich geschlagen geben und den Blick abwenden mussten. Ich habe ungesunde Muster wahrgenommen, erkannt, warum ich in Beziehungen so oft der „Helfer" bin und dass ich ein Selbstbild von mir pflegen will, das mich total überfordert. Ich wollte niemanden enttäuschen, wollte doch nicht, dass Leute von Jesus enttäuscht sind. Und irgendwie habe ich ganz oft Jesus mit mir verwechselt (was ziemlich bescheuert ist, ich weiß). Vielleicht wurden deshalb auch sämtliche Probleme bei mir abgeladen. So lange bis ich darunter fast erstickt bin – was ich nach außen schlecht zeigen konnte und deshalb meine Not

Zu keinem Zeitpunkt ist die Kirche den Ansprüchen gerecht geworden, hat alle Nöte gelöst und alle Probleme beseitigt.

kaum wahrgenommen wurde (und an dieser Stelle wurde auch ich ent-täuscht). Stück für Stück setzt Jesus mich ganz neu zusammen. Und ich merke: Gott „repariert" mich nicht, damit ich wieder funktioniere und er mich weiter reichlich in der Gemeinde einsetzen kann. Er will mich wirklich heil machen und meine Seele in einen Zustand des Friedens bringen.

Die erste Zeit, in der ich wieder in die Gemeinde kam, war nicht einfach. Ich bin immer noch zitternd hingegangen, hatte Angst die Leute zu fragen, wie es ihnen geht, weil ich mich nicht in der Lage fühlte, irgendeine Last mitzutragen. Ich musste lernen, nicht in die Lücken zu springen, die ich sah, nicht eine Not zu lindern, die ich wahrnahm, sondern innerlich still zu werden und Jesus leise und mit kindlicher Neugier zu fragen: „Was willst du tun? Auf welche Art und Weise willst du dich in dieser Situation verherrlichen?" Ich bin dabei zu lernen, dass die Gemeinde ein Ort ist, an dem es viele Lücken gibt und Menschen frustriert werden und an dem wir uns immer wieder gegenseitig enttäuschen. Jesus scheint das manchmal sogar ganz bewusst zuzulassen, um uns alle in einen Heilungsprozess hineinzunehmen. Oder wie Richard Rohr es ausdrückt: „Wir werden zur Heiligung hin frustriert."

Erwartungen bitte an Jesus richten

Wenn Nadia Bolz-Weber, Pastorin der evangelisch-lutherischen Kirche „House for All Sinners and Saints" in Denver, Colorado, ein neues Mitglied in ihre Gemeinde aufnimmt, sagt sie im ersten Gespräch in etwa Folgendes: „Im Moment bist du ganz begeistert von unserer Gemeinde. Aber ich kann dir eins garantieren: Es kommt der Moment, an dem ich dich enttäuschen werde oder irgendjemand anderes aus dieser Gemeinschaft. Die Frage wird dann sein: Willst du trotzdem dabei bleiben? Wenn nicht, könntest du das Beste verpassen: Wie Gottes Gnade die Risse auffüllt, die wir hinterlassen."[22] Mir scheint das eine sehr gesunde Art zu sein, miteinander umzugehen. Wir schließen von Anfang an den Moment ein, in dem wir uns gegenseitig enttäuschen werden. Und diese Enttäuschung ist wie eine sanfte Hinführung zur Gnade, zu dem, der allein unser Herz heil machen kann. Und das bringt eine Klarheit in unsere Beziehungen. Dietrich Bonhoeffer beschreibt in „Gemeinsames Leben", dass diese Enttäuschungen sogar etwas Notwendiges sind. Es sind Ent-täuschungen im besten Sinn: Unsere Ideale voneinander müssen an manchen Stellen sogar zerbrechen, damit wir wirkliche Gemeinschaft miteinander haben können. Und er unterscheidet zwischen seelischer und geistlicher Liebe: Während wir in seelischen Beziehungen fordernd sind, voller Begehren, Gemeinschaft suchen, aber nicht dienen wollen (und auch dort noch begehren, wo wir scheinbar dienen!), steht in der geistlichen Liebe Christus zwischen mir und dem anderen. Wenn wir diese Realität begreifen, verändert das die Art und Weise wie wir miteinander umgehen: „Weil Christus zwischen mir und dem anderen steht, darum darf ich nicht nach unmittelbarer Gemeinschaft mit ihm verlangen. Wie nur Christus so zu mir sprechen konnte, dass mir geholfen war, so kann auch dem anderen nur von Christus selbst geholfen werden. Das bedeutet aber, dass ich den anderen freigeben muss von allen Versuchen, ihn mit meiner Liebe zu bestimmen, zu zwingen, zu beherrschen. Es bedeutet auch, dass ich dem Bruder (und meiner Schwester – Anmerkung von mir) zumute, dass ich ihn mit dem Wort Gottes lange Zeit allein las-

Unsere Ideale voneinander müssen an manchen Stellen sogar zerbrechen, damit wir wirkliche Gemeinschaft miteinander haben können.

sen kann, ihn freigebe, damit Christus mit ihm handle. Wir werden lernen die Grenze zu achten, die durch Christus zwischen uns gesetzt ist."[23]

Das heißt, Christus ist das verbindende Element der christlichen Gemeinschaft und gleichzeitig ist er die Grenze, die mir sagt: Das ist nicht mehr mein Bereich. So wie ich direkt zu Christus gehe, kommen mein Bruder und meine Schwester auch direkt zu ihm. Ich gebe Menschen frei von meinen Hilfsangeboten und meiner gut gemeinten Liebe. Ich lerne, ihnen die Würde zu geben, die sie als Gottes Geschöpfe haben: Sie haben das Recht (und die Aufgabe), sich um ihr eigenes Leben zu kümmern. Wir dürfen voneinander nicht das Heil erwarten. Aber wir dürfen uns gegenseitig immer wieder in die liebende Nähe von Jesus bringen.

Von Jesus lernen

Und was tat er, der Retter der Welt? Er hätte allen Grund gehabt, sich aufzureiben beim Handeln, Heilen und Hilfe leisten. Aber er war weit davon entfernt! Immer wieder zog er sich zurück, fand seinen Platz an einem ruhigen Ort, im Schoß des himmlischen Vaters. Und danach sah er ganz klar, was sein Auftrag war. Er ließ sich nicht hetzen, nicht von der Not und nicht von den Jüngern. In der Umarmung seines Vaters wurde ihm wieder ganz klar, was sein Auftrag war: „Lasst uns anderswo hin in die benachbarten Marktflecken gehen, damit ich auch predige, denn dazu bin ich ausgesandt" (Markus 1,38).

Sein Auftrag war nicht, keinen zu enttäuschen und alle Leiden der Welt zu heilen (obwohl er genau das hätte tun können!). Sein Auftrag war: das Evangelium zu verkündigen. Die gute Nachricht zu verbreiten, die frohe Botschaft, dass das Reich

Gottes angebrochen war. Das Jubeljahr. Wir sollten unser Herz immer wieder an dieses Glück erinnern, das die Gegenwart Jesu mir sich bringt. Und nichts hilft so sehr gegen das überwältigende Gefühl für das Leid dieser Welt als die Freude! Vor ein paar Tagen haben wir für eine Freundin und Weggefährtin aus unserer Gemeinde gebetet, die Schmerzen im Knie hatte. Es war am Ende eines etwas anstrengenden Gebetsabends und wir waren alle ziemlich müde. Und wie es dann manchmal so ist: Wir mussten über eine kleine Bemerkung lachen, einer fügte noch eine lustigere Bemerkung hinzu und wir konnten kaum mehr mit dem Lachen aufhören. Als wir uns wieder einigermaßen gesammelt hatten, um zu beten, meinte die Freundin: „Ach, das hat mir jetzt so gut getan! Genau das habe ich gebraucht."

Manchmal brauchen wir das Lachen und die Freude mindestens genau so sehr wie eine körperliche Heilung oder das Ende einer Not. Manchmal sind ernste Gebete wichtig und manchmal sind es das Lachen und die Freude, die unsere Seele wieder aufrichten. Bei aller Not, mit der wir manchmal konfrontiert sind, bei allem Schweren und den Problemen, die auf Gemeinschaften lasten können, sollten wir uns daran erinnern, immer wieder den Blick auf das Gutes und Schöne zu wenden, das uns eben auch umgibt.

Der heilige Auftrag zur Freude

Vor einigen Tagen war ich mit meinem kleinen Sohn in der Wilhelma, dem Stuttgarter Zoo. Es war ein trüber Tag und ich hatte mich schon darauf eingestellt, viel Zeit in der stickigen Halle vor den Terrarien zu verbringen. (Samuel liebt Schlangen und alle kriechenden Geschöpfe, die ich furchtbar finde und eher dem Feind Gottes als unserem Schöpfer unterschieben würde.) Aber als wir im Zoo ankamen, brach plötzlich die Nachmittagssonne durch die trübe Wolkendecke. Die Sonnenstrahlen tauchten einen kalten Februartag in wunderschöne kräftige Farben. Wir steuerten auf das glitzernde Becken der Seehunde zu. Die eleganten Schwimmer zogen begeistert ihre Bahnen und einer von ihnen spritze bei jedem Auftauchen eine kleine Wasserfontäne über sein Gesicht, durch die er quietschend wieder abtauchte. Es war ein kleines Spektakel, das die wenigen Besucher zum Becken lockte. Wir standen gemeinsam in der Sonne, ab und zu traf uns ein Wasserspritzer und das sichtbare Vergnügen des kleinen Seehunds brachte uns alle zum Lächeln. Es war ein wunderschöner Moment. Die Freude der Schöpfung war spürbar. (Und bitte erzählt mir nicht, dass das nur das Paarungsritual eines verzweifelten Seehunds war!)

Eine lange Zeit in meinem Leben habe ich das übersehen. Ich hätte gedacht, dass es viel wichtiger ist, dem Obdachlosen eine Suppe zu reichen, als an einem Becken zu stehen, und mich an einem Seehund zu freuen. Ich hätte das als unwichtig abgetan. Aber wenn wir nicht lernen, unser Herz mit dem Guten und der Freude zu füllen, werden wir uns am Leid aufreiben und zu bedrückten, gestressten Nachfolgern werden. Wir dürfen und sollen uns, mitten in der Not der Welt, an dem Guten freuen. Frederick Buechner redet sogar vom „heiligen Auftrag zur Freude",[24] den wir als Gottes Geschöpfe haben. Auch und vielleicht gerade angesichts der Not in der Welt. Nicht erst dann, wenn alles erledigt ist und alle Tränen getrocknet sind. Auf diesen Tag warten wir noch. Heute können wir eine Pause einlegen und den Blick zur Sonne richten. Bei diesem Besuch in der Wilhelma erlebten wir

Wenn wir nicht lernen, unser Herz mit dem Guten und der Freude zu füllen, werden wir uns am Leid aufreiben.

einen kleinen, wunderbaren Moment der Freude. Und der spritzende kleine Seehund hatte eine Gruppe von Besuchern auf die Anbetung Gottes eingestimmt, ob wir uns darüber nun bewusst waren oder nicht.

Die Liebe des Vaters

Unsere Seele nährt sich von der Liebe unseres himmlischen Vaters. Wir dürfen lernen, uns wie Jesus mitten in der Not, die wir sehen, in Gottes Arme zu begeben, seine Liebe zu empfangen und uns auf die eine Sache ausrichten, für die Gott uns heute aussendet. Ich muss dabei an Mutter Teresa denken. Immer wieder berichten Besucher, dass sie darüber erstaunt waren, wie Mutter Teresa und ihre Schwestern trotz der vielen Not in Kalkutta, trotz der großen, fast überwältigenden Aufgaben, ihre Arbeit in Heiterkeit und Gelassenheit anpackten. Und wenn die Besucher am Tagesrhythmus der Schwestern teilnahmen, stellten sie fest, dass diese lange vor Tagesanbruch aufstanden. Nicht um der großen Not zu begegnen, sondern um gemeinsam in der Kapelle zu singen und Jesus anzubeten. Vielleicht liegt hier das Geheimnis. Ihr Dienst floss aus dieser Liebe. **Wir müssen selbst von der Quelle trinken, wenn wir dabei helfen wollen, den Durst von Menschen zu stillen.** Und wenn ich mich in der Gegenwart des Vaters auffüllen und lieben lasse, dann wird mein Teil weniger Pflicht sein, sondern ein Ausdruck meiner Dankbarkeit für alles, was er mir schenkt.

Mut zur Lücke

Immer wieder bringt mich unsere kleine, unvollkommene Gemeinschaft an diesen Punkt: Finde ich den Mut zur Lücke? Kann ich auch in Situationen Frieden finden, in denen so offensichtlich eine Funktion am Leib Jesu fehlt, weil im Moment viele von uns ziemlich unregelmäßig im Gottesdienst aufschlagen und ihr fehlender Beitrag eine schmerzende Lücke hinterlässt? Wir sind, wie Paulus das so treffend ausdrückt, wie Glieder am Leib Jesu. Er ist das Haupt. Wir sind seine Hände, die trösten, seine Ohren, die hören … Aber wie das Ohr nicht riechen muss, wenn die Nase verstopft ist, will ich lernen, meinen Teil zu geben und den Rest Jesus anzuvertrauen. Auch wenn es mir so scheint, als wären viele Teile an seinem Leib noch gelähmt oder einfach nicht vorhanden – ich vertraue ihm diese Lücken an. Vielleicht sind es ja genau diese Lücken, durch die seine Gnade fließt.

Doch, die Gemeinde bleibt ein umkämpfter Ort. Ein Ort mit vielen Mängeln und mit großen Ansprüchen. Aber in aller Unruhe und mitten in unseren Krisen können wir trotzdem Frieden in Jesus finden. Unsere Baustellen können uns „zur Heiligkeit hin frustrieren", indem wir demütig unsere Grenzen anerkennen und immer mehr aus der Liebe des Vaters leben. Und indem wir uns von der Not nicht überwältigen lassen und die Lücken, die Enttäuschungen mutig zulassen und Jesus anvertrauen. Und mittendrin können wir gemeinsam lernen, die Freude zu suchen, die unsere Seele nährt. Schönes anschauen. Kleine Seehunde beobachten. Zusammen lachen und feiern, auch wenn das Knie noch wehtut, weil wir eine große Hoffnung in uns tragen und eine frohe Botschaft zu verkündigen haben. Auf diesem Weg bin ich. Seit Jahren. Sonntag für Sonntag. Die Gemeinde ist Teil meiner Krise und ich glaube, sie wird auch Teil meiner Heilung sein.

7 Die Botschafter

Wir haben ein Geheimnis zu verkündigen, neben dem unsere erhabensten Ideen zu Stroh werden ... Wir sollten versuchen, für das Evangelium Worte zu finden, als würden wir ein Gedicht schreiben oder einen Liebesbrief verfassen – aus tiefstem Herzen, voller Leidenschaft und voll mit eigenem Leben. Es geht darum, Worte zu sprechen, von denen wir hoffen, dass sie nicht nur neue Gedanken enthalten, sondern durch die Gnade neues Leben transportieren – in das Leben derer, die uns zuhören, genauso wie in unser eigenes Herz.

Frederick Buechner[25]

Er sandte sie, das Reich Gottes zu predigen

„Als er aber die Zwölf zusammengerufen hatte, gab er ihnen Kraft und Vollmacht über alle Dämonen und zur Heilung von Krankheiten. Und sandte sie, das Reich Gottes zu predigen und die Kranken gesund zu machen (...) Sie gingen aber hinaus und durchzogen die Dörfer nacheinander, indem sie die gute Botschaft verkündigten und überall heilten."

Lukas 9,1–3.6

Pantomime für den Herrn

Nun also schickt Jesus seine Jünger alleine los. Sie sollen tun, was er getan hat, in seiner Kraft und Vollmacht. Er beauftragt sie, die Dörfer zu durchziehen und die gute Nachricht zu verkündigen, die frohe Botschaft, die Heil und Befreiung mit sich bringt. Wir, seine Jünger, die Kirche Jesu, sind gesandt, diese Botschaft in die Welt zu tragen. Der Erlöser ist unter uns. Schulden werden erlassen. Versöhnung mit Gott ist möglich. Er macht uns zu seinen Kindern. Vom Kreuz fließen Heilung und Befreiung in jeden Bereich unseres Lebens. Das Reich Gottes ist hier. Was für eine gute Nachricht, die wir verbreiten dürfen! „Die schönste Botschaft, die diese Welt hat", wie Papst Franziskus schreibt.[26] Und doch fällt es uns oft so schwer, darüber zu reden.

Tatsächlich drücke ich mich seit ein paar Wochen vor diesem Kapitel. Ich weiß, dass die Sache mit der Aussendung, der Beauftragung, auf jeden Fall zur Kirche gehört. Aber ich fühle mich nicht wirklich fähig, darüber zu schreiben. Ehrlich gesagt, tue ich mich seit einigen Jahren schwer mit dem Begriff „Evangelisation" und ich glaube, damit bin ich nicht alleine. Ich habe, wie so viele von uns, früher begeistert mitgemacht. Wir luden unsere Schulkameraden zur „Funkbude" ein, ich brachte den Billy Graham-Film „Time to Run" in unser Klassenzimmer, wir zogen über den Freudenstädter Marktplatz, ganz biblisch: immer zwei und zwei mit dem Traktat über die vier geistlichen Gesetze in der Hand. Kein Mensch war vor uns sicher. Ich war bei einem Einsatz von „Operation Mobilisation" am Start, ging von Tür zu Tür und spielte auf der Straße Pantomime. Ich verkündete das Evangelium auf den Straßen von Amsterdam, auf dem Hollywood-Boulevard und in den weißen Nächten von St. Petersburg. Ich kann wirklich sagen: Ich war dabei. Und ja,

ich wollte dabei sein! Es war aufregend, manches war ziemlich
schräg und ich habe keine Ahnung, ob es nachhaltig irgendetwas im Reich Gottes verändert hat. Ich hoffe es. Auf jeden Fall
hat es mich verändert. Es hat mein Herz weiter gemacht und ich
habe, ähnlich wie die Jünger, die Freude erlebt, im Auftrag von
Jesus unterwegs zu sein.

Das Schweigen der Lämmer

Und dann ist irgendetwas passiert. Ich weiß selbst nicht genau was. Vielleicht ist einfach das Leben passiert. Ich verstand
plötzlich, dass ich gar nicht so viel verstehe, dass die Sache mit
Gott nicht in vier geistliche Gesetze gepackt werden kann und
dass es mir selbst unangenehm ist, auf der Straße angesprochen zu werden. Ich fing an, mich zu fragen, ob ein Aufruf und
ein paar richtig nachgesprochene Sätze ein Leben wirklich zur
Nachfolge bringen, ob das Wort „Freundschaftsevangelisation"
nicht jede Freundschaft verzweckt und ob das Evangelium bei
uns nicht aus viel zu vielen Worten besteht und aus zu wenig
Kraft und Vollmacht. Vielleicht war ich einfach übersättigt mit
Worten. Mit meinen eigenen und denen der anderen. Mit Antworten, die wie leere Worthülsen klangen, und mit Menschen,
die uns sagten, wie wir zu leben haben. Die Einsicht von Franz
von Assisi sprach mir, wie auch vielen anderen, aus dem Herzen: „Predige das Evangelium zu jeder Zeit, wenn nötig benut-
ze dazu Worte." Wir hofften dabei, dass Worte nicht nötig, sein
würden. Und damit begann das Schweigen der Lämmer.

Ein Freund sagte mir einmal, er wolle bis zu seinem drei-
ßigsten Lebensjahr alles Wichtige gesagt haben und dann sei
Schluss mit dem Gelaber. Keine Ahnung, ob er das wahrge-
macht hat. Ich habe seit Jahren nichts von ihm gehört (vielleicht

seitdem er dreißig ist?). Manchmal denke ich genauso wie der Freund: Ich habe so viele Worte über Gott gemacht, ich sollte für den Rest meines Leben einfach die Klappe halten und das leben, was ich glaube. Und, ja: Vielleicht ist dieses Schweigen tatsächlich gut und angebracht. Vielleicht wurden lange Zeit zu viele, zu überzeugte, zu gewisse Worte gesagt, sodass es jetzt erst mal gut und heilend ist, das Schweigen zu lernen. Das Zuhören. Das zaghafte Fragen und Suchen nach den richtigen Wegen. „Wer zuviel begreift, dem geht das Ewige vorbei"[27], schrieb Rilke dazu. Und vielleicht ist es wichtig zu spüren, dass wir oft mit unseren eigenen Dämonen kämpfen und selbst die Heilung brauchen und die Worte benötigen, die uns lebendig machen und unser Herz zum Brennen bringen. Vielleicht ist es wichtig zu erleben, wie kompliziert und vielschichtig das Leben sein kann, und dass der Glaube nicht nur Helles und Klares mit sich bringt, sondern auch zutiefst verstörende Momente. Dass wir durch einen Zerbruch gehen müssen, dass wir manches erst aussprechen sollten, wenn wir dabei humpeln und uns vor Schmerz die Tränen in die Augen schießen.

Esther Maria Magnis schreibt in ihrem Buch „Gott braucht dich nicht" darüber mit Wucht und tiefer, erlebter Wahrheit: „Ich erschrecke vor Gott. Und die Schrecken aus der Zeit lassen mich in meinen Gebeten immer noch humpeln (...) Unser Glaube, der Glaube der Christen, hat einen Schrecken. Unser Glaube macht ‚BUH!'. Unser Glaube hat in sich das Wissen um den ganzen Dreck der Welt. Er hat einen Schrecken. So wie diese Welt. Und erst dann kommt die frohe Botschaft. Vorher gibt

Vielleicht ist dieses Schweigen tatsächlich gut und angebracht. Vielleicht wurden lange Zeit zu viele, zu überzeugte, zu gewisse Worte gesagt, sodass es jetzt erst mal gut und heilend ist, das Schweigen zu lernen.

es keinen Grund, dumm grinsend auf der Kanzel zu stehen und die Menschen, die echte Not haben, deren Ehen gerade kaputt gehen, deren Kinder krank werden, deren Geschwister sterben und Eltern dement werden, deren Herzen gebrochen werden, deren Stolz verletzt wird, mit einem weichen gemütlichen Gesäusel und Sozialkitsch einzulullen. Gott ist schrecklich. Gott brüllt. Gott schweigt. Und Gott liebt in einer Radikalität, vor der man sich fürchten kann."[28]

Wie gerne spreche ich mit Menschen, die so etwas erkannt und durchlebt haben, über unseren Glauben. Das Problem scheint mir nur: Die Leute, die so über Gott reden können, die mit diesem Humpeln unterwegs sind, die tun sich schwer, darüber zu reden. Und das ist die Tragik, die ich sehe und auf die ich keine Antwort finde. Vielleicht haben wir tatsächlich so lange geschwiegen, dass uns das Reden nicht mehr in den Sinn kommt. Dass wir fast vergessen haben, was für eine unglaublich gute Nachricht wir anvertraut bekommen haben. Die Botschaft liegt auf unserem Schoß wie eine fette, träge Katze, die man vor die Tür scheuchen sollte, um Mäuse zu jagen und das wilde Leben zu genießen. Die Nachricht gehört auf die Straße, in dunkle Hinterhöfe, in ausgestreckte Arme und in Häuser mit offenen Türen. Sie hat nicht weniger in sich als das Potenzial, die Welt **Die Botschaft liegt auf unserem Schoß wie eine fette, träge Katze, die man vor die Tür scheuchen sollte, um Mäuse zu jagen.** zu retten. Sie kann Hoffnung in das tiefste Dunkel sprechen. Sie ist das Wort, das unser Innerstes lebendig macht. Sie kann unsere Seele nach Hause bringen. Sie kann ein Rettungsanker sein für deinen Nachbarn, der kurz davor ist zu ertrinken. Ja, so dringlich ist es für manche, diese Nachricht zu hören.

Eine Liebe, die raus muss

Und doch glaube ich: Gott versteht unser Schweigen. Er hält das mit uns aus. So wie er die vielen unbedachten Worte mit uns aushält. Er droht uns nicht. Er bedrängt uns nicht. Er gibt unserer Stille Raum. Aber es gibt auch einen gefährlichen Ort für unsere Seele. Dieser Ort ist nicht das Schweigen, sondern er ist das zufriedene Schweigen. Das Schweigen, das ganz von sich selbst überzeugt ist. Das überhebliche Schweigen. Und dann: das endgültige Schweigen. Es besteht die Gefahr, dass wir uns in diese Richtung bewegen, wenn wir uns nur noch den Informationen aussetzen, die unser Denken bestätigen, nur noch mit Menschen umgeben, die unsere eigenen Einstellungen und theologischen Sichtweisen abnicken – wie in einer selbstbestätigenden Internetblase. Gott bewahre unsere Seelen davor, ein harter Boden zu werden, der sich jeglicher Fruchtbarkeit verweigert. Wenn wir diese Gefahr in uns spüren, dann können wir genau das zu unserem Gebet machen. Gott liebt es, unsere Selbstzufriedenheit zu erschüttern. Den Boden wieder aufzulockern. Das Oberste nach unten zu kehren. Sauerstoff an die tiefen Schichten zu bringen. Er umwirbt unser Herz.

Wie passiert das? Was sollten wir dafür tun? Vor allem sollten wir wohl mit ihm rechnen. Damit rechnen, dass er auftaucht. Wir sollten Ausschau halten nach Zeichen seiner Gegenwart, mitten im Leben. Wir können lernen, dass wir zum Gebet nicht viele Worte brauchen, lernen, unsere inneren Dialoge immer wieder zu beschwichtigen, lernen hinzuhören und den heiligen, stillen Ort in uns, an dem Gott ist, wahrzunehmen. Hier ist der Sauerstoff unseres Lebens. Wir können Orte aufsuchen, an denen Menschen begeistert reden. Im wahrsten Sinn des Wortes. Wo uns Gottes Geist neu anrühren kann. Im Kloster oder unter den jubelnden charismatischen Geschwistern –

manchmal finden wir ihn gerade da, wo ganz anders geglaubt wird. Das erlebe ich immer wieder.

Hier und da macht Gott uns auch eifersüchtig, wenn wir auf die jungen Wilden treffen, die voller Freude von ihren Einsätzen zurückkommen, so wie wir früher. Meine Nichte und mein Neffe gehören auch zu ihnen. Immer wieder spüre ich in ihren Worten und Erlebnissen etwas von der Freude, das Evangelium zu verkündigen, die mich in ihrem Alter auch gepackt hatte.

Gott kann durch die junge Generation die Liebe in seinen schweigenden Kindern wieder wecken.

Ich kann überheblich denken: „Ach, kommt erst mal in mein Alter, macht erst mal meine Erfahrungen ..." Oder ich kann mich anstecken lassen von ihrer kindlichen Freude an Jesus. In manchen Gemeinden ist es spürbar: Gott kann durch die junge Generation die Liebe in seinen schweigenden Kindern wieder wecken.

Er kann uns auf ganz vielen Wegen den Mund wieder öffnen. Neulich sah ich auf Youtube einen Prediger, von dem ich dachte: Gott, ist der echt? Da wirkt vieles total übertrieben und das sieht total nach Show aus. Und ich hatte den Eindruck, dass Gott mir ins Herz flüstert: *Christina, er macht den Mund auf, also rede ich durch ihn. Und wenn er auch noch schweigt, dann müssen die Steine reden. Verstehst du das? Da ist eine Liebe in mir, die raus muss. Da ist eine Botschaft, die verkündet werden muss. IRGENDJEMAND muss sie einfach sagen.* Gott gräbt mein Herz mit seinen Worten um. Sauerstoff. Liebe. Von ganz unten.

Und irgendwann werden wir wieder anfangen zu reden. Das glaube ich. Weil wir nicht anders können. Nicht weil wir dann die Notwendigkeit der Evangelisation erkannt hätten, sondern weil die Liebe zu Jesus raus muss wie ein Lachen, das man nicht mehr länger zurückhalten kann. Doch. Wir werden anders reden. Wir werden mehr zuhören. Wir werden manches nur stammelnd sagen können und dabei Raum für ein paar Tränen lassen. Wir werden zusammen lachen und böse Geister vertreiben. Wir werden die Worte der Wahrheit mit zitternder Stimme sagen und in der Kraft des Gottes, der Ohnmächtige befähigt. Wir werden neben den Gebeugten auf die Knie gehen und Worte des Lebens flüstern. Wir werden Wunden verbinden und Heilungen erleben. Wir werden mutig sein, weil wir die Jahre langsam hinter uns lassen, in denen wir uns den Kopf darüber zerbrechen, was andere wohl über uns denken. Wenn es sein muss, werden wir aufstehen und brüllen wie die Löwen für die Gerechtigkeit. Wir werden Kirche sein. Geliebt. Gesandt. Licht und Salz der Welt.

Deshalb bete ich nicht: „Herr, öffne unseren Mund", sondern: „Herr, fülle unsre Herzen! Erobere uns." Bis wir das Schweigen brechen, weil wir nicht anders können. Weil wir ergriffen sind von der gewaltigen Botschaft, die Jesus uns, seiner Kirche, anvertraut hat.

Wir tragen ein großes Geheimnis mit uns, das lange Zeit verborgen war. Der Erlösungsplan des Himmels, der nun dabei ist, die Herzen zu erobern.[29] Wo immer wir diese schönste Nachricht der Welt verbreiten, wird sie wie ein Wasserstrom auf vertrocknetes Land sein. Diese Nachricht macht lebendig – diejenigen, die sie hören und auch uns, wenn wir sie verkündigen.

8 Das Staunen

*Das heikelste Thema, das Christen betrifft, ist nicht
Abtreibung oder Pornographie, nicht der Zerfall der
Familie, moralische Maßstäbe, Fernsehen, Drogen,
Rassismus, Sexualität oder Schulgebete. Der
schwierigste Punkt von heute ist die Abstumpfung.
Wir haben es verlernt zu staunen. Die gute
Nachricht ist nicht mehr gut, sie ist ganz okay. Der
christliche Glaube ändert nicht mehr unser Leben,
er verbessert es. Jesus verwandelt die Menschen nicht
mehr in feurige Radikale, sondern in nette Leute.*
Mike Yaconelli[30]

Wer ist denn dieser?
„Und es geschah an einem der Tage, dass er in ein Boot stieg,
er und seine Jünger; und (...) sie fuhren ab. Während sie aber
fuhren, schlief er ein. Und es fiel ein Sturmwind auf den See,
und das Boot füllte sich mit Wasser, und sie waren in Gefahr. Sie
traten aber hinzu und weckten ihn auf und sprachen: Meister,
Meister, wir kommen um! Er aber stand auf, bedrohte den
Wind und das Gewoge des Wassers; und sie legten sich, und
es trat Stille ein. Er aber sprach zu ihnen: Wo ist euer Glaube?
Erschrocken aber erstaunten sie und sagten zueinander: Wer
ist denn dieser, dass er auch den Winden und dem Wasser
gebietet und sie ihm gehorchen?"
LUKAS 8,22–25

89

Reizt ihn ja bloß niemals!

Die biblische Geschichte der Sturmstillung ist eine der liebsten Geschichten von meinem fünfjährigen Sohn (gleich nach David und Goliath). Manchmal sitzt er morgens nach dem Aufwachen in seinem Bett und schaut sich die Bilder der Geschichte an: die hohen Wellen, den schlafenden Jesus, die Panik der Jünger, Jesus' ausgestreckten Arm und das kleine Wort: „Still!" Und dann: die ruhige See. Und die weit aufgerissenen Augen der Jünger. Er blättert langsam durch diese Geschichte und ich spüre sein Staunen und den Versuch, das irgendwie zu fassen. Ich mag es, ihm dabei zuzusehen. Weil ich mir diesen staunenden Blick auf Jesus wünsche. Ich glaube, genau das hat die Jünger, an der Seite von Jesus, die meiste Zeit begleitet. Das Staunen. Sie wussten nie, was er sagen würde. Nie war man sich sicher, was als Nächstes kommen würde. Das meiste von dem, was er tat, versetze sie in ein ehrfürchtig erschrockenes Staunen. Über die Situation, in der Jesus aufstand und mit einem Wort die Wellen und den Wind zur Ruhe gebracht hat, schreibt Mike Yaconelli: „Wahrscheinlich saßen sie eine halbe Stunde wie erstarrt da, bis schließlich einer zu sagen wagte: ‚Reizt ihn ja bloß niemals!' Ich glaube, dass die Jünger noch viel mehr Angst hatten, nachdem der Sturm sich gelegt hatte, als während des Sturms. Sie erlebten das gefährliche Staunen, bei Jesus zu sein, sozusagen aus erster Hand."³¹

Ich kann mir vorstellen, dass die Jünger oft hin und hergerissen waren. Sie spürten eine tiefe Vertrautheit mit Jesus, mit dem sie ja Tag und Nacht zusammen waren, und gleichzeitig erlebten sie ihn immer wieder auf eine Art und Weise, die sie mit Ehrfurcht und Staunen und, ja, sogar mit Furcht erfüllte! Es waren Momente, in denen ihnen klar wurde, dass Jesus eben auch ganz anders war. Dass sie mit jemandem am

Tisch saßen und aßen und lachten und Worte wechselten, der im nächsten Moment mit einem seiner Worte auch den Naturgewalten Einhalt gebieten konnte oder Dämonen in die Flucht trieb. Er war der Freund an ihrer Seite und gleichzeitig Herr über die Schöpfung, Mensch gewordener Gottessohn. Immer wieder baten sie Jesus, er möge ihnen doch ein bisschen mehr erklären, damit sie ihn, seine Lehren und sein Handeln besser verstehen konnten. Jesus machte sie zu lernenden und staunenden Nachfolgern.

Der Sturm, in den uns Jesus schickt

Was die Jesus Freaks-Bewegung, und damit auch unsere Gemeinde, von Anfang an sehr stark geprägt hat, war das Zutrauen zu Jesus. Er war an unserer Seite, er war unser Freund und Kumpel. Wir hingen mit ihm ab und sangen ihm unsere Lieder. Wir sagten ihm ungefiltert, was in unserem Herzen war. Wir trugen seinen Namen auf unseren T-Shirts, als wäre er der befreundete Rockstar, den wir groß rausbringen wollten. Wir fanden es toll, mit ihm unterwegs zu sein. Wenn wir über ihn redeten, dann taten wir das in einer Vertrautheit und Einfachheit, als hätten wir die Sache mit Gott verstanden. Aber, wie Mutter Teresa es ausdrückte: „Following Jesus is simple, but that doesn't mean it's easy." Auf Deutsch: Jesus zu folgen, ist einfach, aber das bedeutet nicht, dass es leicht wäre. Das sollten wir herausfinden. Manchmal frage ich mich, ob Gott es jeder Gemeinde oder Gemeinschaft zur Aufgabe macht, einen Sturm zu durchstehen – und das oft zu einem Zeitpunkt,

Manchmal frage ich mich, ob Gott es jeder Gemeinde oder Gemeinschaft zur Aufgabe macht, einen Sturm zu durchstehen

wenn wir noch überhaupt nicht darauf vorbereitet scheinen! Früher oder später kommt er: der Sturm, der uns auf dem Deck hin und her rüttelt. Der unser Gottesbild erschüttert. Der uns verzweifelt rufen lässt: „Jesus, schläfst du, oder was? Wir gehen hier unter. Kümmert es dich nicht?!" Das ist der Punkt, an dem Jesus so anders ist, als wir erwarten. Er greift nicht ein, wie wir uns das wünschen. Er lässt zu, dass uns die tiefste Verzweiflung packt.

Wir gerieten als Gemeinde durch den schweren Unfall unseres Freundes, der ziemlich von Anfang an mit dabei war, in den ersten großen Sturm. Er lag im Krankenhaus und wir hofften und beteten, Tag und Nacht. Wochenlang. Doch unser Freund starb. Kleine Sätze, in denen so viel Schmerz und Unverständnis, so viele geweinte Tränen und Fragen liegen. Es war auch eine Tragödie für mich persönlich, weil ich in diesen jungen Mann verliebt war. Unsere kleine Gemeinschaft wurde durchgeschüttelt. Ich versuchte, mich irgendwie an Jesus zu klammern und hoffte, dass wir nicht alle über Bord gehen würden. Das Erstaunliche war, dass am Ende niemand wegen diesem Sturm seinen Glauben verlor. Zumindest ist mir davon nichts bekannt. Es kamen andere Situationen, in denen Leute weggingen. Von Jesus. Oder einfach von der Gemeinde. Aber durch die schwere Zeit nach dem Unfall trug uns unser himmlischer Freund. Und vielleicht ist das am Ende auch ein richtig großes Wunder. Auch wenn es ganz anders war, als wir gehofft hatten. Keine Frage. Es ließ uns erschüttert zurück. Gott sprengte unsere Vorstellungen darüber, was er tun würde und wovor er uns ganz sicher bewahren würde. Er war der Freund, der uns unendlich liebt, daran wollten wir festhalten, aber er wurde auch weniger verständlich, größer, gewaltiger.

Sturmstillung. Oder: Was unser Kumpel alles tun kann

Gott brachte uns auch dadurch zum ehrfürchtigen Staunen, dass er Stürme stillte und sichtbar seine Größe bewies. Eine dieser Geschichten betraf mich ganz persönlich: In einem Gottesdienst verdrehte ich mir mein Bein, hörte das bekannte Krachen der Sehnen im hinteren Kniegelenk (ich hatte kurz zuvor schon einen Kreuzbandriss gehabt) und ein stechender Schmerz ließ mich zu Boden sinken. Als Krankenschwester war mir auch das nun folgende Prozedere klar: Krankenwagen, MRT, OP ... Mir kamen die Tränen. Vor Schmerz und vor Frust darüber, dass mir das nun schon wieder passiert war. Da wir mitten im Gottesdienst waren, wurde ich von den anderen umringt und sie fingen an, voller Hingabe um meine Heilung zu beten, einige von ihnen unter Tränen. Ich war berührt und machte mir nun nicht nur Sorgen um mein Knie, sondern auch noch darum, dass meine Gefährten total enttäuscht sein würden, wenn wir gleich einen Krankenwagen holen mussten (so viel also zu meinem Glauben!). Und dann sagte eine unserer jungen Frauen zu mir, mit zitternder Stimme, aber mit einer Autorität, wie ich sie von ihr noch nie zuvor gehört hatte: "Christina, ich glaube Jesus sagt dir: Steh auf!" Erst mal können vor Lachen, dachte ich mir. Aber ich wollte nicht ungehorsam sein, falls das tatsächlich Jesus war. Also brachten mich zwei kräftige Jungs in eine stehende Position. Und in dem Moment, als ich aufrecht stand, wurde mir plötzlich klar: Jesus hat mein Knie geheilt! Ich weiß nicht mehr genau, was es war. Ob mich eine Wärme durchströmt hat oder ob es einfach eine plötzliche Gewissheit war. Einige waren noch eifrig dabei zu beten. Ich unterbrach sie mit ungläubigem Stammeln: „Ihr könnt aufhören! Gott hat eure Gebete erhört. Mein Knie ist geheilt." Und um es zu beweisen, hüpfte ich vor ihren Augen auf und ab. Wir lachten und staunten und konnten es kaum fassen. Lobpreis floss aus unseren Herzen und eine tiefe Ehrfurcht breitete sich unter uns aus. Jesus, unser „Kumpel" und Freund, kann so etwas tun! Es stimmt wohl tatsächlich, was in der Bibel über ihn steht. Noch lange hielt mein inneres Staunen an. Gott hatte mich angerührt. Ich hatte am eigenen Leib erlebt, dass er heilen kann. Was für ein großer Gott! Mein ungläubiger Verstand versucht dagegenzuhalten, dass es vielleicht Zufall war, dass beim Aufstehen irgendetwas wieder an den richtigen Platz rutschte (auch das wäre letztlich ein Wunder!). Und mir fallen sofort so viele Gebete ein, in denen wir Gott um Heilung baten und er nicht so spektakulär eingegriffen hat. Aber manchmal tut er es. Und sei es nur, um uns zu zeigen, dass er es tatsächlich kann. Um uns zum Staunen zu bringen. Um die Schublade zu zerschlagen, in die wir ihn gesteckt haben. Vor allem sind solche Wunder wohl Hoffnungzeichen in unserer dunklen Welt, dass er derjenige ist, der am Ende alles heil machen wird. Mir geht es ähnlich wie den Jüngern: Ich erkenne immer mehr, wie wenig ich von Gott und seinem Handeln verstehe. In seiner Nähe sind wir immer staunende und lernende Nachfolger. Er ist der Gott, der kommt und geht, wann er will, der ungezähmt, aber gut ist, wie es C. S. Lewis in seinen Narnia-Geschichten mit dem Löwen Aslan beschreibt. Etwas von dieser Ungezähmtheit Gottes erfahren wir vielleicht durch Wunder ebenso wie durch Leid. Wir lernen, unseren Gott zu fürchten und zu lieben. Wir werden ein bisschen vorsichtiger, wenn wir über ihn sprechen, so wie Kinder vorsichtiger werden, wenn sie einmal auch nur ein klein wenig die Kraft aus der Steckdose gespürt haben.

Etwas von dieser Ungezähmtheit Gottes erfahren wir vielleicht durch Wunder ebenso wie durch Leid.

94

Nieder mit der Rechthaberei. Es lebe das Staunen!

Was mich an dieser Stelle auch zu einem Punkt bringt, an dem ich mit der Kirche und ihrer Geschichte ringe. Man trifft auf Gruppen und Menschen, die meinen, sie hätten Gott verstanden. Sie verkünden ihre Art, Jesus nachzufolgen, als das einzig Wahre und Heilmachende und verurteilen damit jeden, der die Dinge anders sieht, und bekämpfen ihn im schlimmsten Fall sogar. Wir vergessen so oft, dass unser Wissen immer nur ein Stück vom Gesamtbild ist, dass Gott keiner Gemeinschaft die ganze Wahrheit anvertraut hat, dass wir einander brauchen. Hier geht es mir nicht darum, das Evangelium zu verwässern (wie der eine oder andere Leser befürchten könnte): Jesus ist der Sohn Gottes, unser Retter und Befreier und das Heil der Welt. An seine Worte zu glauben, ihm unser Leben anzuvertrauen, das macht uns zu Gottes Kindern. Aber es gibt so vieles, das man unterschiedlich sehen kann. Und leider gibt es so viele überzeugte Worte und so viel Selbstgerechtigkeit (egal aus welchem frommen „Lager") – und so wenig ehrfürchtiges Staunen. Billy Graham sagte einmal, dass es in den wichtigen Dingen Einheit braucht, in den unwichtigeren Dingen Freiheit und in allem die Liebe. Ich finde, das trifft es so gut. Ehrlich gesagt, ist es für meinen Glauben nicht entscheidend, ob Gott die Welt in sieben Tagen erschaffen hat oder ob diese Zahl nur gewählt wurde, um die Schöpfungsgeschichte für uns irgendwie verständlich zu machen. (Wahrscheinlich ist das sowieso Gottes große Frage: Wie erkläre ich ihnen das bloß? Könnte es so in ihr Gehirn passen?) Vielleicht bin ich da auch zu einfach gestrickt. Gott ist der Schöpfer. Wie das alles genau ablief, ist für meinen Glauben nicht entscheidend. Ich lasse mich von Gottes Wort infrage stellen, aber ich glaube auch, dass wir fragend und suchend Gottes Wort entdecken dürfen. Es ist nicht

als Ende-der-Diskussion-Argument gedacht, bei dem wir andere mit Bibelstellen erschlagen. Ich glaube, es ist der Beginn eines Gesprächs, mit Gott und miteinander. Die Bibel verliert für
mich nicht an Glaubwürdigkeit, wenn ich manches davon nicht
verstehe und mir manches ziemlich schräg vorkommt. Ich
habe schon genug damit zu tun, das zu leben, was ich verstanden habe. Zum Beispiel scheint es mir ziemlich offensichtlich,
dass es Jesus unglaublich wichtig war, dass wir einander lieben
und uns gegenseitig die Füße waschen. Ich glaube, viele sind
unserer Rechthaberei so müde. Und ich kann sie gut verstehen.
Ich wünsche mir, für uns alle, dass wir immer mehr zu staunenden und lernenden Nachfolgern werden, die darauf ausge-
richtet sind, das zu tun, was wir von Jesus verstanden haben.
Und ich wünschte, wir würden aufhören, so abgeklärt – und
manchmal fast gelangweilt! – von Dingen zu reden, die einfach unfassbar sind: Wir sprechen darüber, dass Gott sich uns
Menschen naht, dass er uns liebt, dass er uns in eine Beziehung
mit ihm einlädt, dass wir jederzeit mit ihm reden dürfen und
er uns zu seinen Kindern und seinen Erben macht! Vielleicht
glauben wir unseren Worten oft selbst nicht. Anders ist es nicht
zu erklären, dass wir so wenig staunen (und ich schließe mich
hier in alles selbst mit ein!).

Damit will ich nicht sagen, dass wir unseren Verstand aus-
schalten sollen, wenn wir Jesus nachfolgen. Es gab ja auch Zeiten in der Kirchengeschichte, in denen man sich vehement gegen Wissenschaft und Logik gewehrt hat (als könne man nicht
gleichzeitig an Gott glauben und daran, dass die Erde rund ist).
Gott sei Dank hat sich das geändert. Ich bin Anfang der Achzi-
gerjahre aufgewachsen, als die Apologetik, die Verteidigung
des Glaubens, das große Thema war. Wir lasen die wunderbaren und klugen Bücher von C.S. Lewis und versuchten, seinen
intelligenten Ausführungen zu folgen. Glaube hat ja auch sehr

viel damit zu tun, wach zu werden für die Welt, Dinge zu durchschauen, zu hinterfragen, kluge und tiefe Zusammenhänge zu finden.

Aber ich denke, wir haben dadurch auch etwas verloren, besonders in unseren evangelikalen Kreisen: Wir haben das Geheimnisvolle verloren, die Mystik, das Verborgene, das man niemals fassen kann, sondern das einfach angebetet werden will. Uns fehlt das heilige Staunen. Und doch sind wir voller Sehnsucht danach, uns etwas Größerem zu öffnen, das nicht unseren Verstand, sondern unser Herz in Beschlag nimmt. Vielleicht brauchen unsere Kirchen ein bisschen mehr das Staunen. Ein bisschen mehr überraschte Freude und demütiges Suchen. Das würde die Rechthaberei vertreiben und Menschen anziehen.

> Vielleicht brauchen unsere Kirchen ein bisschen mehr das Staunen. Das würde die Rechthaberei vertreiben.

Und vielleicht könnte man dann in unseren Kirchen öfter den Satz hören: „Ich weiß es nicht." Oder: „Das verstehe ich auch nicht, das ist wirklich ein Geheimnis." Oder: „Was denkst du darüber, und wie bist du zu dieser Meinung gekommen?" Anstatt mit allzu großer Gewissheit unsere Überzeugungen einander überzubraten. Wir könnten uns öfter in Erinnerung rufen, dass unser Wissen immer nur Stückwerk ist.

Staunen wecken

Früher war ganz sicher nicht alles besser. Aber ich kann mir vorstellen, dass die Kirche ein Ort war, zu dem die Leute kamen, um zu staunen und aufzublicken. Sie schauten nach oben und sahen die wunderbaren Deckengemälde von den Künstlern. Sie betrachteten die bunten Kirchenfenster, sahen wie das Licht einfiel und blickten auf das raue Holz vom Kreuz. Der

Duft von Weihrauch hing in der Luft, angezündete Kerzen flackerten und ehrfürchtig lauschte man den Worten der Heiligen Schrift. Die Kirche war ein Ort, an dem an das Mysterium des Glaubens, das geheimnisvolle und unfassbare Geheimnis, erinnert wurde. Die harten Kämpfe des Alltags, das Leid in ihrem Leben brachten sie vor einen Gott, dem sie sich anvertrauen konnten. Ihr Glaube war das Schiff, das sie gemeinsam betreten hatten und Jesus war der Steuermann, der dafür sorgte, dass sie sicher ankamen. Man kann diesen Glauben als naiv abtun. In mir weckt er die Sehnsucht, dass die Kirche wieder ein wenig von diesem Erbe zurückholt. Nur, wie könnten wir das tun? Wir könnten wieder den Künstlern unsere Wände und Decken überlassen. Wir könnten die Kinder, die oft so herrlich staunen können, in unsere Mitte holen; schon allein deshalb mache ich gerne ab und zu Kinderdienst in unserer Gemeinde! Wir könnten von der Kanzel nicht nur trockene Theologie verkündigen, sondern die Kunst des Geschichtenerzählens neu entdecken (über den Prediger Johannes Busch wurde einmal gesagt, dass er über die Sturmstillung Jesu so geredet hat, dass keiner mit trockenen Füßen die Kirche verließ!). Wir könnten Lobpreisleiter und Kirchenmusiker nicht zuerst nach ihrem Talent aussuchen, sondern nach ihrer Fähigkeit, über Gott zu staunen. Pete Greig, der Gründer der Gebetsbewegung 24-7-Prayer, nennt drei Schritte, um Lobpreisleiter zu werden:

1. Lerne zu staunen.
2. Inspiriere deine Freunde zu staunen.
3. Lerne Gitarre zu spielen (wenn du willst).[32]

Das gefällt mir! Staunen steht über Begabung. Wir könnten zu jemandem sagen: „Ich sehe, du staunst über Gott, würdest du das von der Bühne aus tun? Du spielst kein Instrument und

hast keine tolle Stimme? Kein Problem! Das kann man dir beibringen. Bring du uns bitte das Staunen bei. Damit wir anbeten
können." Wir könnten es uns ganz neu zur Aufgabe machen,
das Staunen zu wecken, um uns für Gottes Größe und Schönheit zu öffnen.

Das Staunen weist uns auf unsere begrenzte Fähigkeit hin,
Schönheit zu fassen; wie ein Künstler, der einen Sonnenunter-
gang malen will, oder ein Poet, der über Liebe schreiben soll.
Wir können nie alles einfangen, was sich am Abendhimmel
abspielt, oder alles erklären, was in der Liebe geschieht. Unser
Blatt ist zu klein, unsere Worte niemals ausreichend. Fassen
können wir auch diesen Jesus nicht. Wir können nur immer
wieder ehrfürchtig vor ihm auf die Knie sinken. Vor dem Wunder, dass er Stürme stillt, mit nur einem Wort; und dass er uns
durch Stürme bringt, von denen wir nie gedacht hätten, dass
wir sie überleben.

Ich brauche die Kirche als einen Ort, an dem wir gemeinsam
Lernende sind, wo wir alle unsere Fragen stellen können, ohne
schnelle Antworten zu bekommen. Ich brauche einen Ort, an
dem man gemeinsam schweigen kann und der mich auf etwas
Größeres hinweist als mein kleines Leben.

Wir können dich niemals fassen
und doch bist du unfassbar nah,
wir können dich nicht ergreifen
und uns doch von dir ergreifen lassen,
wir können dich nicht zu Beweisen deiner Liebe zwingen
und doch bezwingt uns deine Liebe immer wieder aufs Neue.
Wir können dich eingrenzen und klein halten
und du bist groß genug, das auszuhalten,
aber dann trifft uns das Leben wie ein Sturm

und bringt die gewissen Worte zum Schweigen.
Wir flüstern: „Wer ist der?!"
und werden wieder, wozu wir geschaffen sind:
Staunende.

9 Kinder, Kinder

Wirklichkeit und Herz – das ist es, was zählt (...)
Die Herausforderung ist viel größer, als wir denken,
aber keine Sorge – wie bei allem im christlichen
Leben hat Jesus ganz deutlich gemacht, dass mit
Fehlschlägen nicht nur zu rechnen, sondern dass
dafür auch schon vorgesorgt ist.
Adrian Plass[33]

Wehrt ihnen nicht!
„Und sie brachten Kinder zu [Jesus], damit er sie anrührte.
Die Jünger aber fuhren sie an. Als aber Jesus es sah, wurde
er unwillig und sprach zu ihnen: Lasst die Kinder zu mir
kommen! Wehrt ihnen nicht! Denn solchen gehört das Reich
Gottes. Wahrlich, ich sage euch: Wer das Reich Gottes nicht
aufnimmt wie ein Kind, wird dort nicht hineinkommen. Und
er nahm sie in seine Arme, legte die Hände auf sie und segnete
sie."
MARKUS 10,13–16

Die Jungs vom Ordnerdienst

Bei dieser Geschichte muss ich immer ein wenig über die Jünger schmunzeln. Sie erinnern mich an die Ordner bei Groß-
veranstaltungen. Sobald die ihre gelben Ordner-Jacken tragen,

empfinden sie eine große Autorität, die weit über die einfache Ordner-Aufgabe hinausgeht. Sie sagen dir, was du darfst und was nicht (auf Stufen sitzen oder ein Eis schlecken, steht in ihrem Sündenkatalog ganz weit oben!) und egal wie sehr ich mich anstrenge – irgendetwas mache ich meistens falsch. Im letzten großen Gottesdienst, den ich besuchte, wurde ich belehrt, dass es nicht in Ordnung sei, sich hinten auf den Boden zu setzen, wenn einzelne Plätze noch frei waren, also folgte ich seufzend meinem Gebieter, um mich auf einen der letzten freien Plätze ganz vorne zu quetschen. Genau das ich hatte vermeiden wollen!

Natürlich gibt es auch ganz wunderbare Ordner. Auf einer Heilungsveranstaltung kümmerte sich einer von ihnen rührend um meine Begleiterin, die an Krücken ging, und er war tief betrübt, dass kein persönliches Gebet mit dem berühmten Heilungsmenschen für sie möglich war. Der betete an dem Abend nämlich nur für Menschen, die eine Erkrankung hatten, die zum Tode führen würde, und wir konnten die schwere Arthrose – in diesem Fall „leider!" – nicht dazu zählen.

Die Jünger trugen wahrscheinlich keine gelben Jacken auf denen „Staff" oder „Jesus-Team" stand, aber sie waren sich ihrem Auftrag bewusst und immer bereit, in der drängenden Menge, die sich um Jesus versammelte, ein wenig für Ordnung zu sorgen. Jesus steckte wohl gerade in einer wichtigen Diskussion mit den Pharisäern über die Ehescheidung, da drängten sich die Mütter mit ihren Kindern nach vorne, wie sich das nur Mütter trauen, die etwas für ihre Kinder haben wollen (ich weiß wovon ich rede und habe daher auch ein wenig Achtung vor der Leistung der Jünger, dass sie es geschafft haben, diese jüdischen Mamas zu stoppen ...). Aber anstatt von Jesus lobende Worte für ihren Ordnungsdienst zu bekommen, wurden sie von ihm, vor allen Leuten, zurechtgewiesen. Und dann rief Jesus die Kinder zu sich. Er stellte sie in die Mitte, nahm sie auf seinen Schoß und segnete sie. In der Lutherbibel steht sogar der Ausdruck: „Er herzte sie." Was für ein schönes Bild! Jesus machte keine Abfertigung von Weitem. Er ließ die Kinder nicht in einer kleinen Gruppe zusammenstehen, um dann einen allgemeinen Segen in ihre Richtung zu sprechen. Er ließ auch nicht nur die schwer Erkrankten zu sich kommen. Jesus schenkte ihnen eine innige Begegnung. Wirklichkeit und Herz! Der US-amerikanische Alttestamentler Walter Brueggemann schreibt: „Erziehung ist Begegnung. Und Begegnungen sind die zentralen Erinnerungen unserer Kindheit."[34] Ich denke, Jesus wusste das. Er nahm die Gelegenheit nicht zum Anlass, eine lehrsame Kindergeschichte zu erzählen oder das Wissen der Kleinen über die Thora zu prüfen. Nein. Er nahm sie einfach auf seinen Schoß, er herzte sie, vielleicht kitzelte er sie ein wenig durch und sagte ihnen ihre Namen. Er schaute ihnen liebevoll in die Augen, legte seine Hände auf die kleinen, hitzigen Köpfchen und segnet sie. Was er wohl den Kindern zugesprochen hat? Sicher standen die Eltern mit weit offenen Augen und Ohren daneben, um keins der Worte zu verpassen. Und ihre Kinder haben diese Begegnung wahrscheinlich niemals vergessen.

Störungen willkommen

Was für die Jünger eine lästige Unterbrechung war, rückte Jesus in den Mittelpunkt. Er sagte ihnen: „Schaut her! Hier, genau hier, erkennt ihr etwas von Gottes Reich." Ich kann mir gut vorstellen, dass die meisten seiner Gleichnisse und Reden genauso entstanden sind, dass seine Worte ganz oft spontane Reaktionen auf Ereignisse waren. Eine Unterbrechung. Ein

Anblick am Wegrand. Eine Frucht, die sie zusammen aßen ... Statt den Jüngern morgens einen Plan für den Tag in die Hand zu drücken, ging er einfach mit ihnen los, gespannt und mit offenen Augen, was Gott ihnen heute wohl über den Weg schicken würde. Und es gab so viele Unterbrechungen: Der blinde Bartimäus, der laut um Hilfe schrie. Die blutflüssige Frau, die ihm von hinten an sein Gewand fasste, um geheilt zu werden. Jaïrus, Zachäus, der Gelähmte, der durchs Dach gelassen wurde. Begegnungen. Alles Unterbrechungen und Ablenkungen, auf die Jesus einging und durch die er das Reich Gottes sichtbar machte.

In den USA gab es vor einiger Zeit in der Presse einige Aufregung über den Bericht von einer ziemlich bekannten, großen Gemeinde, in der ein behindertes Kind von einem Ordner aus dem Gottesdienst „entfernt" wurde, weil es durch seine Freudengeräusche den Ablauf gestört hatte. Ich ahne, dass Jesus anders damit umgegangen wäre. Vielleicht hätte er sogar das Kind auf die Bühne geholt und geherzt und den Menschen etwas über die Freude an den einfachen Dingen erzählt (das können uns Kinder mit Behinderung lehren wie niemand sonst!). Leider sind wir in der Kirche oft so auf unser Programm konzentriert und auf unsere Vorstellungen, wie etwas ablaufen sollte, dass wir manchmal die wichtigen Unterbrechungen Gottes versäumen.

Leider sind wir in der Kirche oft so auf unser Programm konzentriert, dass wir manchmal die wichtigen Unterbrechungen Gottes versäumen.

Dietrich Bonhoeffer schreibt: „Wir müssen bereit werden, uns von Gott unterbrechen zu lassen. Gott wird unsere Wege und Pläne immer wieder, ja, täglich durchkreuzen, indem er uns Menschen mit ihren Ansprüchen und Bitten über den Weg schickt. Wir können dann an ihnen vorübergehen, beschäftigt mit den Wichtigkeiten des Tages. (...) Wir gehen dann an dem sichtbar in unserem Leben aufgerichteten Kreuzeszeichen vorüber, das uns zeigen will, dass nicht unser Weg, sondern Gottes Weg gilt."[35]

Seitdem ich Mutter bin, weiß ich, dass Kinder uns wie nichts anderes im Leben lehren können, unsere Wege und Vorstellungen durchkreuzen zu lassen.

Die Bitte: „Spiel mit mir!" – Der Putzplan: durchkreuzt. Ein krankes Kind – Pläne für den Tag: durchkreuzt. Durcheinander im Hauseingang – Mein Plan, wenigstens nach außen eine saubere Familie zu sein: durchkreuzt.

Eins lehrt mich mein kleiner, wilder Sohn: Wenn ich nicht lerne, meine Pläne durchkreuzen zu lassen, bin ich eine immer unzufriedene, nörgelnde Mutter (und das bin ich leider sowieso schon oft genug). Aber wenn ich loslasse, wenn ich die Unterbrechung immer wieder von Gott annehme, entsteht oft genau da ein Raum, in dem er mir begegnet: Beim ruhigen Autoshin-und-her-Schieben wird plötzlich auch mein Herz ruhiger. Beim hundertsten Mal dem kranken Kind „David und Goliath" vorlesen trifft mich eine tiefe Erkenntnis über Gott und beim Anblick der verstreuten Schuhe im Gang umarmt mich Gott mit der Einladung, dass ich auch Raum einnehmen darf und es genauso in Ordnung ist, wenn andere ab und zu über mein Chaos stolpern.

Damit will ich nicht sagen, dass man auf jede Störung eingehen muss. Ich bin keine Mutter, die sagen würde, Kinder sollten in allem der Mittelpunkt sein. Ich verstehe bis heute nicht, wie ein Vater (!) ein Lied schreiben konnte mit dem Titel „Kinder an die Macht"! Das fände ich ehrlich gesagt eine ziemlich erschreckende Vorstellung. Aber es gibt so unglaublich viele Momente, in denen ich etwas von den Kindern in unserer Kirche gelernt habe. Darüber könnte ich tatsächlich noch mal ein Buch schreiben. Und vielleicht könnten wir, bei allen Grenzen und beim gezischten „Pssst!" in Richtung der Kinder während einer wichtigen Veranstaltung trotzdem innerlich offen dafür sein, dass die eine oder andere Unterbrechung eine Einladung von Gott sein könnte. Eine Chance, ihm zu begegnen, die wir nicht verpassen wollen.

Wer in einer Gemeinde ein perfektes Programm durchziehen will, wird erleben, was der wunderbare Adrian Plass sagt: „Mit Fehlschlägen ist nicht nur zu rechnen – dafür ist auch schon vorgesorgt." Was wir auf jeden Fall von Kindern lernen können: Sie lassen sich unterbrechen. Man kann sie wunderbar ablenken (bis zu einem gewissen Alter). Sie halten nicht an ihren Plänen fest. Vielleicht ist das eine der Eigenschaften, die Jesus gemeint hat, als er sagte: „Wenn ihr nicht so werdet, werdet ihr das Reich Gottes nicht mal ansatzweise erkennen können." Vielleicht kann ich, kann die Kirche lernen, das Herz ein wenig mehr dem Kind zuzuneigen, seiner Fähigkeit, sich unterbrechen zu lassen, und die Wirklichkeit, wie sie eben oft ist, anzuerkennen, statt dem strengen Ordner zu folgen, der alle Abläufe kontrollieren will.

Langeweile ist eine gute Freundin

Und wenn wir hier schon mal beim Thema sind, was uns Kinder beibringen können, dann will ich ein paar Sätze zur Langeweile loswerden. „Mir ist langweilig", ist nämlich einer der Sätze, die Kinder ganz gerne mal sagen und der die unerfahrene Erziehungsberechtigte in mir zu solchen Höchstleistungen auflaufen lässt, dass alle Animateure des Robinsonclubs dagegen blass aussehen. Meistens bringt aber so ein Unterhaltungsprogramm nicht den gewünschten Erfolg (Kind zufrieden, endlich Ruhe), sondern wirkt eher wie ein Bumerang – innerhalb kürzester Zeit hört man wieder diesen Satz: „Mama, mir ist langweilig!" Und nun, nach fünf langen, harten Jahren im Robinson-Club, habe ich die perfekte Antwort gefunden: „Dir ist langweilig? Das ist überhaupt nicht schlimm! Das ist eigentlich richtig prima. Du stehst kurz davor, etwas Neues zu entdecken oder dich für eins deiner vergessenen Spielzeuge zu interessieren. Ich bin gespannt, was die Langeweile dir zeigen wird." Okay, das klingt vielleicht ein bisschen bemüht pädagogisch (und könnte in erster Linie auch ein Beruhigungssatz für mich sein), aber oft genug zieht danach ein verblüfftes Kind wieder Richtung Spielzimmer, die Langeweile als Spielkamerad im Schlepptau. Sie werden sich wahrscheinlich noch ein wenig zusammen langweilen und vielleicht werden sie dann gemeinsam etwas finden, was man im Robinson-Club niemals finden würde. Unsere Welt steckt nämlich voller wunderbarer Dinge, die nur darauf warten, von gelangweilten Kindern entdeckt zu werden.

Nachdem ich nun im letzten Kapitel etwas über das Staunen geschrieben habe, möchte ich hier nun erwähnen, dass ich damit nicht meinte, die Kirche solle eine Art Animationsprogramm auffahren, um uns ständig wie kleine Kinder in verzücktes Erstaunen zu versetzen. Es gibt tatsächlich Gemeinden, die ein wenig an einen Club Robinson erinnern. Das finde ich sehr ermüdend. Für alle Beteiligten. Andererseits verlassen auch manche die Gemeinde, weil sie es nicht mehr ertragen, die immer gleichen Geschichten hören, die gleichen Worte zu sprechen (teilweise seit Jahrhunderten!) und die gleichen Abläufe zu erleben. Während sich manche bei vertrauten Klängen, Geschichten und Ritualen sanft an die Hand genommen fühlen, um Gott zu begegnen, würden andere von uns am liebsten den Kopf vor Langeweile rhythmisch gegen die Kirchenbank hauen. Aber weil das ein bisschen schräg wirken würde, zählen wir stattdessen zum hundertsten Mal die Mosaiksteine im Kirchenfenster oder sortieren die Gummibärchen in der Tüte nach Farben oder betrachten die Schuhe der vor uns Sitzenden und ärgern uns, dass manche davon einfach nicht zusammenpassen (der eine oder andere weiß, wovon ich rede).

Wir können uns natürlich einen anderen Gottesdienst suchen und so lange dort bleiben, bis er uns genauso langweilt. Oder wir könnten – zusammen mit den Kindern – etwas Großes lernen: Langeweile ist überhaupt nicht schlimm. Sie ist ein bisschen wie eine alte Freundin, die uns lächelnd die Hand hinstreckt und sagt: „Komm, setz dich zu mir." Vielleicht ist die alte Dame ein bisschen schrullig,

Worte, unzählbar oft gesprochen und wie eine dürre Wüste durchwandert, werden auf einmal wieder zur Wasserquelle.

riecht nach Mottenkugeln und sitzt in einem abgeschabten, altmodischen Lehnstuhl. Aber sie lädt uns ein, ein bisschen – oder eben auch mal länger – zu verweilen. Und es kann passieren, dass sie uns auf etwas aufmerksam macht, das wir niemals, gar nie, ohne sie entdeckt hätten. Nach dem hundertsten Gummibärchen wird unser Herz plötzlich ruhig. Wie eine glatte Oberfläche auf dem See. Dann sehen wir bis auf den Grund. Wir könnten die erstaunlichsten Dinge finden. Wir können in diesen stillen Gegenden manchmal sogar Jesus über den Weg laufen. Oder wir entdecken einen Mosaikstein, den wir seit Anbeginn der Gottesdienstzeit betrachtet haben, und auf einmal leuchtet er uns mitten ins Herz. Wir sehen etwas, das schon immer da war, und fragen uns, wie wir das so lange übersehen konnten. Und etwas an der Geschichte, zum tausendsten Mal von dem alten Prediger gehört, in seine vertrauten Worte gepackt, überwältigt uns plötzlich aufs Neue.

Und Worte, unzählbar oft gesprochen und wie eine dürre Wüste durchwandert, werden auf einmal wieder zur Wasserquelle (vielleicht gerade deshalb, weil wir sie so oft gesprochen haben – wer weiß das schon). Das soll jetzt keine Ausrede dafür sein, richtig langweilige Gottesdienste zu veranstalten. Aber ich möchte uns Mut machen, die Langeweile – die uns auch in den tollsten Gemeinden treffen kann! – nicht zu fürchten. Nicht gleich davonzurennen. Man könnte sie vielmehr als ganz langsam ausgesprochene Einladung betrachten, eine Welt zu betreten, von der man ahnt, dass sich in ihr noch ganz viel entdecken lässt.

Abrakadabra oder eine Schatzkarte

Aber kommen wir zurück zur Geschichte der Kindersegnung. In diesem Moment war sicher niemand gelangweilt. Diese Geschichte zeigt vor allem eins: Jesus liebt Kinder. Sie sind bei ihm wichtig. Sie dürfen nicht einfach weggedrängt werden, weil wir so viele wichtigere Dinge zu tun und zu bereden haben. Die Sache mit Jesus macht nicht erst ab einem gewissen Alter Sinn. Und deshalb schleppe ich meinen Sohn nicht nur in die Gemeinde mit, weil er uns vielleicht segnen kann und die Kirche ohne Kinder ärmer wäre, sondern auch, weil ich glaube, dass die Gemeinde ein Segensort für ihn sein kann und sein Leben ohne die Kirche ärmer wäre.

Nun gibt es in meinem Freundeskreis Mütter, die durchaus besorgt sind, wenn sie an den Einfluss der Kirche auf ihre Kinder denken. Eine Freundin überlegte lange, ob sie ihre Tochter auf eine bestimmte christliche Freizeit schicken sollt. „Ich möchte nicht, dass sie dort indoktriniert wird!", sagte sie mir. Ich verstehe, was sie damit meint. Es gibt eine Art, den Kindern das Evangelium zu vermitteln, die mich auch abschreckt. Ich habe einmal einen etwas aufgelösten Brief an die Veranstalter eines Kindertags geschrieben, weil bei dem Gottesdienst den vielen kleinen Kindern ein Übergabegebet vorgesprochen wurde, das sie bitte nachsprechen sollten, falls sie das Geschenk von Gott annehmen wollten. Mein fünfjähriger Sohn würde Erwachsenen alles nachsprechen, damit er ein Geschenk bekommt! Dabei wäre es ihm ziemlich egal, ob er sein Leben Jesus oder der Supermarktkette oder dem Präsidenten von Amerika übergibt (wobei Letzteres momentan ein besonders furchteinflößender Gedanke wäre). Er hat gehorsam die Worte im Chor der Kinder mitgebetet und sich dann gewundert, wo das Geschenk bleibt. Das sind die etwas merkwürdigen Auswüchse eines Christseins, in dem es manchmal fast zwanghaft darum geht, die „richtigen Sätze" zu sprechen – fast ein Abrakadabra-Reich-Gottes-öffne-Dich! – und weniger darum, Menschen zu Nachfolgern zu machen. Und es gibt Gemeinden, in denen man den Eindruck bekommt, es sei wichtiger, dass die Kinder die Namen der zwölf Söhne Jakobs aufsagen können, statt echte Begegnungen miteinander und mit Jesus zu haben.

Ich habe ja zu Anfang dieses Buches etwas über meine fromme Kindheit geschrieben und mir ist bewusst, dass sie nicht immer nur reiner Segen für unser Leben ist. Und trotzdem: Ich möchte gerne dass mein Sohn in unsere Gemeinde mitkommt. Denn ich glaube, es gibt dort einen Schatz zu entdecken. Oder vielleicht besser: eine Schatzkarte, die unsere Kinder mit klopfenden Herzen auf die Reise ihres Lebens schicken kann. Vielleicht werde ich Samuel irgendwann einmal diesen Brief in die Hand drücken, wenn er mich danach fragt, warum ich ihn immer sonntags mitgeschleppt habe:

Lieber Samu!

Letzten Sonntag hast du dein Missfallen darüber ausgedrückt, dass du mit uns in den Gottesdienst kommen solltest. Genaugenommen hast du es mit aller Deutlichkeit, zu der ein Fünfjähriger fähig ist, gesagt, dass du heute nicht „zu den Sch...Jesus Freaks" mitwillst. Aus zwei Gründen habe ich dich trotzdem mitgenommen: Erstens bist du noch nicht alt genug, um alleine zu Hause zu bleiben, und zweitens weiß ich ziemlich genau, dass es dir, wie jedes Mal, richtig gut gefallen wird. Mir geht es übrigens oft auch so. Wenn Papa nicht immer sagen würde: „Lass und hingehen!", würde ich manches Mal auch lieber zu Hause bleiben. Aber wir gehen hin. Jeden Sonntag. Ich hoffe, du siehst daran, dass uns diese Sache mit Jesus und seiner Familie wirklich wichtig ist. Ich hoffe, dass du dich auch dann noch daran erinnerst, wenn du selbst viele andere Dinge findest, die man am Sonntag sonst noch so unternehmen könnte. Vielleicht warst du dann oft genug dabei, um zu spüren, was das Besondere an dieser Familie ist.

Als du erst ein paar Wochen alt warst, haben wir dich im Gottesdienst segnen lassen. Die Leute aus der Gemeinde haben einen großen Kreis um uns gebildet und der eine oder andere hat mit seiner Hand deine kleinen Füße oder deine winzigen Finger umschlossen und dir ein Segenswort zugesprochen. Ich war eine ziemlich müde und immer leicht überforderte Mama in deinen ersten Lebensjahren. Was mir von Anfang an klar war: Alleine würde ich das alles nicht hinbekommen. „Es braucht ein Dorf, um ein Kind zu erziehen", sagt man und ich glaube, es braucht eine ganze Gruppe von Menschen, die Jesus lieb haben, damit du ein wenig von dem Reichtum und der Größe Gottes ahnen kannst.

Ich nehme dich jeden Sonntag mit, weil ich möchte, dass du siehst, wie wir zusammen Jesus anbeten. Ich möchte, dass du erlebst, wie deine Mama ein bisschen gelöster und friedlicher wird, nachdem sie das Abendmahl empfangen hat. Ich möchte, dass du siehst, wie wir Menschen umarmen, die ganz anders sind als wir, und dass du weißt, dass sie auch zu unserer großen Familie gehören. Ich will, dass du ganz viele Geschichten über Jesus hörst – nicht nur von mir, sondern auch von wunderbaren Kindermitarbeitern –, weil wir ihn so toll finden und ich mir wünsche, dass ihr beide Freunde werdet. Und ich sehe schon, dass das passiert. Wenn irgendjemandem etwas wehtut oder du merkst, dass wir ein Problem haben, dann bist du der Erste, der sagt: „Mama, warum betest du denn nicht?" Du erinnerst mich daran, warum ich glaube. Du hilfst mir, in meinem Alltag Jesus nicht zu vergessen. Ein bisschen so geht es mir mit der Gemeinde: Sie erinnert mich jeden Sonntag daran, warum ich glaube. Sie hilft mir dabei, Jesus nicht zu vergessen. Sie erinnert mich daran, dass ich Gnade brauche und Vergebung und ich mag es, wenn du uns dabei zuschaust und wie du Teil dieser kleinen, unperfekten Familie bist.

Wenn du mir Fragen über Gott und meinen Glauben stellst (und du stellst VIELE Fragen!), werde ich versuchen, sie so ehrlich wie möglich zu beantworten. Vieles verstehe ich selbst nicht. Manchmal bin ich auch traurig, wenn Gott Gebete nicht erhört. Aber ich möchte ihm trotzdem nachfolgen, weil er das Beste ist, was ich habe. Und du bist das größte Geschenk, das er mir anvertraut hat.

Ich will dir auch erklären, dass es Menschen gibt, die anders glauben und denken als wir. Du machst dabei immer ganz große Augen, weil du dir nicht wirklich vorstellen kannst, dass jemand nicht an Jesus glaubt. Aber es ist so. Und ich wünsche dir die Erfahrung, dass wir auch mit dem Freund sein können, der ganz anders glaubt und denkt als wir.

Vielleicht kommt irgendwann auch ein Punkt, an dem du lieber zu Hause bleiben willst und ich dich nicht mehr einfach mitschleppen kann. Ich hoffe, dein Papa und ich schaffen es, dir im richtigen Moment diese Freiheit zuzugestehen. Weil ich nicht will, dass du noch aus Pflichtgefühl mitkommst, wenn dein Herz das eigentlich *nicht mehr will. Und weil du wissen sollst, dass man bei Jesus immer ein- und ausgehen kann. Und du sollst wissen, dass dein Papa und ich dich immer lieben werden. Auch wenn wir vielleicht mit manchen Dingen ringen werden. Ich würde dich so schrecklich vermissen, wenn du nicht mehr in der Nähe von Jesus rumhängen möchtest. Aber ich weiß, er wird dich immer suchen und finden. Irgendwie. Etwas in mir weiß einfach, dass deine Geschichte am Ende mit ihm gut ausgehen wird. Ich hoffe, dass du weißt, dass du immer über alles mit uns reden kannst. Vielleicht würde ich zuerst ein bisschen ausflippen, wenn du die Schule abbrechen willst, mit Drogen rummachst, ein Mädchen schwängerst, dich einer engen Glaubensgemeinschaft anschließen oder Börsenspekulant werden willst (okay, Letzteres wäre eine wirklich harte Prüfung für deine Eltern!). Vielleicht wäre ich auch ein wenig aufgelöst, wenn du mir sagen würdest, dass du schwul bist, schon allein deshalb, weil ich weiß, dass es deinen Weg in Gottes Familie nicht unbedingt leicht machen würde. Oder wenn du mir gestehen würdest, dass ich nicht mehr die einzige Frau in deinem Leben bin. Oh weh. Mit manchem würden wir vielleicht eine Zeitlang ringen, aber ich glaube, am Ende werden wir alles zusammen hinbekommen. Das Leben ist nicht immer einfach. Aber es ist auch wunderschön. Du wirst vielleicht ab und zu die Worte hören, dass Gott dich gebrauchen will, um die Welt zu verändern. Ich glaube, dass Gott uns vor allem helfen will, die Welt zu lieben. Und dass er uns führt und sein Geist mit uns ist und dass er manchmal ziemlich wilde und wunderbare Dinge in der Welt anstellt, bei denen wir mithelfen dürfen. Ich wünsche dir dieses Abenteuer an der Seite von einem Gott, der unglaublich groß ist und sich in den kleinsten Dingen finden lässt, und an der Seite von Menschen, die diesen Weg auch begeistert mitgehen.*

Ich hoffe, dass du weißt und erlebst, dass ein Platz für dich frei ist an Gottes Tisch. Ein Leben lang. Egal was passiert. Wirklichkeit und Herz; darum geht es bei Jesus. Du bist so unendlich geliebt, mein kleiner Sohn. Und wenn ich oder dein Papa mal nicht mehr in der Nähe sein sollten, um dir das alles zu sagen, dann hoffe ich einfach, dass du immer eine Familie um dich haben wirst, die dich an all das erinnert. Ich hoffe, dass sie dir jederzeit die Hände auflegen wird, um dich zu segnen, so wie es schon am Anfang deines Lebens war. Ich glaube, wir brauchen einander, um den Weg mit Jesus bis zum Ende zu gehen. Bis wir uns alle wiedersehen bei ihm. Die ganze große Familie. Das wird ein Fest – und du liebst es doch zu feiern! Wegen all dem schleppe ich dich jeden Sonntag mit. Das ist ein bisschen viel, um dir das alles jetzt zu erklären, ich weiß. Aber ich hoffe, dass du es irgendwann verstehen wirst, und dass du froh darüber sein kannst. Ich liebe dich. Immer. Du bist ein Segen. Und du sollst immer gesegnet sein.

Deine Mama

10 Mittendrin

Der Glaube dankt Gott schon mitten in der
Geschichte.
Ann Voskamp[36]

Wollt ihr auch weggehen?
„Von da an gingen viele seiner Jünger zurück und gingen nicht
mehr mit ihm. Da sprach Jesus zu den Zwölfen: Wollt ihr etwa
auch weggehen? Simon Petrus antwortete ihm: Herr, zu wem
sollten wir gehen? Du hast Worte ewigen Lebens; und wir
haben geglaubt und erkannt, dass du der Heilige Gottes bist."
Johannes 6,66–69

Eine richtig anstößige Predigt

Jesus hat innerhalb kürzester Zeit viele Nachfolger um sich
gesammelt. Man könnte sagen, er war dabei, eine erfolgreiche
Karriere als Wanderprediger aufzubauen. Die Leute waren begeistert von seinen Heilungswundern, sie hingen an seinen
Lippen und staunten darüber, mit welcher Autorität und Klarheit er über Gott sprach. Sicher fanden sie es auch toll, dass er
die frommen Lehrer mit ihrer Heuchelei konfrontierte. Und das
Wunder der Brotvermehrung ließ sie darauf hoffen, dass Jesus
alle satt machen, alle Bedürfnisse erfüllen könnte und am Ende
noch zwölf Körbe übrig wären. Die Begeisterung für Jesus war

groß. Er bewegte die Massen. Und in dieser Phase hielt Jesus ihnen ein paar Brocken hin, die sie nicht einfach so schlucken wollten. Er sagte Dinge, die anstößig und sehr schwer verständlich waren. Er redete über Gottes Fleischwerdung und davon, dass seine Nachfolger von seinem Leib essen und sein Blut trinken würden, um ewiges Leben zu bekommen. Das war der Punkt, an dem sich viele seiner Nachfolger murrend von ihm verabschiedeten. Wie sollten sie Jesus weiter folgen, wenn er so eine durchgeknallte Rede hielt? Und Jesus? Er versuchte nicht hektisch ein paar Erklärungen hinterherzuschieben, um einige noch zum Bleiben zu überreden. Nein. Er wandte sich an seine engsten Jünger und fragt sie: „Und ihr? Wollt ihr auch weggehen?" Ich glaube, da war kein vorwurfsvoller Ton in dieser Frage. Kein bittendes „Das werdet ihr mir doch nicht antun?!" In seinen Worten lag die Freiheit, die unser himmlischer Vater jedem seiner Kinder zugesteht: Wir können jederzeit die Biege machen. Es ist auch kein Druck da in Richtung: „Aber wer jetzt weggeht, soll bloß nicht denken, er kann wieder ankommen!" Nein. Es ist so, wie Jesus es zu seinen Nachfolgern in dem Bild des guten Hirten gesagt hat: „Ich bin eure Rettungstür. Bei mir könnt ihr ein- und ausgehen und Weide finden."[37] Jesus zwingt niemanden zu bleiben. Er gesteht seinen Nachfolgern auch zu, eine Zeitlang – oder sogar für immer – wegzugehen. Bei Jesus erleben wir wirklich echte Freiheit. Und die Jünger sehen die Leute davonlaufen, sehen auf Jesus, der Dinge sagt, die wirklich schwer zu schlucken sind, und stellen sich der Frage: Sollen wir auch gehen?

Mit der Geschichte ringen

Ich glaube, wenn wir Jesus folgen, werden wir früher oder später auch an diesen Punkt kommen. Einfach weil er manchmal Dinge tut oder sagt, die uns ziemlich gegen den Strich gehen oder die wir einfach nicht begreifen können. Die Schriftstellerin Lauren Winner erzählt von ihrer Freundin Juliane, die als Zwölfjährige kurz vor der Konfirmation stand und sich an ihren Vater, den Pastor der Gemeinde, wandte mit ihren Zweifeln, ob sie tatsächlich vor allen bekennen könne, dass sie das alles für den Rest ihres Lebens glauben wird. Er antwortete darauf: „Mein Kind, du musst nicht versprechen, dass du das dein Leben lang alles glauben kannst. Was du uns mit deiner Konfirmation versprichst, ist, dass das die Geschichte ist, mit der du bereit bist, ein Leben lang zu ringen."[38]

Und mir scheint, dass Petrus mit seiner Antwort genau das gesagt hat: „Wohin sollen wir denn sonst gehen, Jesus? Wir finden es ja auch merkwürdig, was du sagst, aber wir werden trotzdem dabeibleiben. Im Vertrauen darauf, dass diese Worte irgendwann vielleicht tatsächlich Sinn ergeben werden. Wir werden damit ringen. Wir werden weiter in dunklen Nächten nebeneinander liegen und uns genervt hin- und herdrehen, weil der andere uns mit seinem Schnarchen wachhält, und uns fragen, was deine Worte wohl bedeuten. Wir werden bei dir bleiben, weil du uns für eine Realität wach gemacht hast, von der wir uns nicht mehr abwenden können."

Und hier komme ich an einen etwas kritischen Punkt: Weil die Frage, ob wir bei Jesus bleiben, und die Frage, ob wir in der Gemeinschaft seiner Kinder bleiben, in gewisser Weise zusammenhängt. Damit sage ich nicht, dass der Abschied von einer Gemeinde den Abschied von Jesus bedeutet. Ganz klar: Das sind zwei verschiedene Dinge (und manchmal braucht es vielleicht eine bisschen Abstand, eine Runde um den Block, um letztlich wieder voller Freude bleiben zu können).

Aber ich glaube, wenn wir an Jesus dran bleiben und mit ihm und dem Leben, wie es uns geschieht, ringen wollen, dann werden wir Weggefährten brauchen. Wir bewältigen das nicht mal eben so alleine. Immer wieder habe ich es beobachtet: Wer sich auf längere Sicht rauszieht, egal, ob das nun eine Kirche oder eine kleine Gemeinschaft ist, der tut sich schwer damit, das Feuer für Jesus am Brennen zu halten. Dieses Risiko, dass einem am Ende die Dinge Gottes gleichgültig werden, geht man ein, wenn man weggeht. Das muss man wissen.

Wenn wir an Jesus dran bleiben und mit ihm und dem Leben ringen wollen, dann werden wir Weggefährten brauchen.

Und auch das andere ist wahr: Bleiben heißt nicht, dass das Herz immer brennt. Man denke nur an den älteren Sohn in dem Gleichnis des liebenden Vaters; er war mindestens genauso verloren wie sein Bruder, obwohl er im Haus des Vaters geblieben war. Doch. Man kann in der Kirche bleiben und schuften und verbittern und aus Routine einfach weiter dort auftauchen, aber das Herz hat sich längst aus der Sache verabschiedet. Das ist letztlich auch eine Art Weggehen. Ein inneres Abwenden aus der liebenden Vaterbeziehung.

Aber ich glaube, es gibt einen Schatz zu entdecken für diejenigen, die an Jesus dranbleiben und die bewusst in der Gemeinschaft bleiben. Gerade an den Stellen, wo wir am liebsten weggehen würden, wo wir Brocken schlucken müssen, die uns schwerfallen, und wo wir uns den Stress nicht länger geben möchten, gerade da könnte es richtig lohnend sein zu bleiben! Man verlässt schließlich auch nicht das Kino bei unverständlichen Szenen, sondern bleibt sitzen in der Hoffnung, dass am Ende der Geschichte die Fäden zusammenlaufen.

Verpasste Szenen

Wären die Jünger an dieser Stelle auseinandergegangen, dann hätten sie ganz viele gemeinsame Geschichten verpasst. Was sie natürlich nicht wussten: Jesus hatte gerade erst angefangen. Sie sollten noch erleben, wie liebevoll er die Ehebrecherin behandelte, wie er Lazarus auferweckte, wie er mit ihnen wie ein König in Jerusalem einzog und den Tempel mal so richtig aufräumte. Der Moment sollte noch kommen, in dem Jesus vor ihnen auf die Knie ging, um ihnen die Füße zu waschen und anschließend das Abendmahl auszuteilen. Die dunkle Nacht lag noch vor ihnen, in der sie sich mit ihrem kollektiven Versagen auseinandersetzten und danach ängstlich zusammen hinter verschlossenen Türen kauerten. Und sie sollten gemeinsam erleben, wie Jesus die Geschichte drehte, wie er ihnen als Auferstandener begegnete und wie ihre Herzen mit Freude erfüllt wurden und wie so vieles von dem, was Jesus Merkwürdiges gesagt hatte, plötzlich auf eine geheimnisvolle, erstaunliche Weise einen Sinn ergab. Sie sollten gemeinsam mit dem Heiligen Geist erfüllt werden und als Gesandte die Welt mit ihrer Botschaft erobern. Alles das lag noch vor ihnen. Und hätten sie sich in diesem Moment von Jesus abgewandt, hätten sie das alles nicht erlebt.

Und das ist letztlich das Traurige, wenn wir uns von der Kirche verabschieden oder wenn wir ständig von einer Kirche zu anderen wechseln, je nachdem, wo die Szenen gerade am schönsten sind: Wir verpassen dadurch nicht unser Seelenheil, aber wir verpassen unsere gemeinsame Geschichte. Das tun wir übrigens auch, wenn wir uns sonntags nur nebeneinander in eine Bank quet-

Und das ist letztlich das Traurige, wenn wir uns von der Kirche verabschieden: Wir verpassen unsere gemeinsame Geschichte.

schen und uns dabei nicht in die Augen schauen. Aber überall dort, wo wir unser Leben ganz bewusst mit einer Gruppe der Familie Gottes teilen, werden wir etwas davon erleben, was der größte Reichtum der Kirche ist: das Geheimnis, dass der Auferstandene gemeinsam mit uns unterwegs ist und dass er eine größere Geschichte für uns hat als nur unsere eigene. Mit den Jahren wird mir das immer klarer: Genau dafür lohnt es sich wirklich, dabei zu bleiben.

Ich sehe was, was du nicht siehst

Wenn ihr sonntags in unserem Gottesdienst auftauchen würdet, dann würdet ihr im Moment wahrscheinlich folgende Szene sehen: Es sind nicht viele Leute da. Die angemieteten Räume sind nicht besonders schön. Oft ist nur ein Musiker auf der Bühne. Beim Lobpreis stehen vielleicht ein oder zwei Leute auf, der Rest bleibt einfach sitzen. Das Kindergeschrei kann nerven und von der guten Predigt ablenken. Ich fürchte, im Moment ist das Ganze gerade nicht so attraktiv und es werden sich nur wenige zum Bleiben entscheiden.

Aber die Sache ist folgende: Der flüchtige Besucher sieht nur eine Szene. Ich hingegen bin mitten in unsrer Geschichte. Ich sehe den Musiker und weiß, dass er nicht nur sonntags auf der Bühne Gott lobt. Jeden Morgen, bevor er seine Arbeit als Chef einer kleinen Firma anfängt, nimmt er seine Gitarre und betet Jesus an. Ich denke daran, wie er seit Jahren treu in die Gemeinde kommt und bei jeder Predigt mit geöffnetem Notizbuch dasitzt, um die Worte aufzuschreiben und tief in sich aufzunehmen. Ich denke an die Großzügigkeit, die wir durch seine Familie schon erlebt haben, an gemeinsam gefeierte Feste, an Gebete, die wir füreinander gesprochen haben. Und ich sehe die junge Frau, die Jesus so innig mit erhobenen Händen anbetet. Ich weiß um den tiefen Schmerz eines unerfüllten Wunsches, den sie mit sich trägt. Ich weiß, dass in ihrer Bibel ein Bild von unserer Familie liegt, weil sie regelmäßig für uns betet, dass sie Gott um Heilung für meine Migräne anfleht. Ich weiß, dass sie und ihr Mann heimlich unsere Wohnung geputzt haben, als ich völlig am Ende und auf einer Kur war (Heio hat es mir verraten!). Und ich weiß auch von der schweren und belastenden Erkrankung ihres Vaters und ihrer Schwiegermutter. Alles das weiß ich. Und deshalb berührt es mich ohne Ende zu sehen, wie sie Jesus anbetet. Und mich berührt auch der Freund, der so zusammengesunken auf seinem Platz sitzt, weil ich große Teile seiner schmerzhaften Geschichte kenne und weiß, wie viel es ihn kostet, weiter Jesus zu vertrauen. Wir haben vieles zusammen erlebt. Eine Zeitlang konnte er nicht mehr in den Gottesdienst kommen. Jetzt ist er wieder da. Zögernd, aber ich feiere ihn jedes Mal, wenn er zur Tür reinkommt. Mein Freund. Der Held. Ich ahne, wie stolz Gott auf ihn ist. Und mein Blick fällt auf das kleine Mädchen, das gerade dabei ist, ein anderes an den Haaren zu ziehen. Ich sehe eine Intensivstation. Düstere Diagnosen. Schläuche überall, ein offener Brustkorb und ungewisse Überlebenschancen. Tränen. Hoffen und Beten. Dieses Mädchen ist ein hüpfendes Wunder. Mitten unter uns. Und immer wenn ich sie sehe, dann überwältigt es mich aufs Neue. Ich könnte noch lange so weitermachen. Fast zu jedem der Leute in den Reihen könnte ich euch eine Geschichte erzählen. Der flüchtige Besucher sieht nur eine Szene. Und die ist im Moment tatsächlich oft nicht sehr vielversprechend. Aber wir sind hier mitten in einer gemeinsamen Geschichte. Und ich bleibe dabei, weil ich wissen will, wie es weitergeht. Weil ich gespannt bin, wie Gott die verworrenen Fäden auseinander bekommt, wie er uns weiterführt und wohin unser gemeinsames Ringen uns bringen wird. Ich bin gespannt, wie wir es im Dunkeln miteinander aushalten, bis der Auferstandene uns begegnet in Brot und Wein. Wie Verheißungen wahr werden und wie Gott die Dinge zum Besten führen wird für die, die ihn lieben. Ich will bleiben und sehen, wie sich die Szenen entfalten und vor unseren staunenden Augen zu wunderbaren Geschichten der Erlösung werden (und jeder Besucher ist herzlich eingeladen auch ein Teil davon zu werden!).

Wunderkerzen anzünden

Vor einigen Jahren habe ich in unserer Gemeinde eine Predigt über die Geburt Isaaks gehalten. Eine unglaubliche Verheißung, die Sarah zum Lachen brachte und die Gott dem alten Abraham gegenüber endlich wahr machte. Während der Predigt habe ich Wunderkerzen an meine Weggefährten verteilt mit den Worten: „Ich weiß, viele von uns warten darauf, dass sich Dinge erfüllen, dass sich verworrene Wege auflösen, dass Gott in unsere Geschichte eingreift. Wann immer so etwas passiert: Bringt die Wunderkerze mit! Zündet sie vor unseren Augen an und erzählt davon, was Gott getan hat." Die meisten haben das natürlich wieder vergessen. Wie das eben so ist. Aber die eine oder andere Kerze wurde auch schon angezündet. Das waren ganz besondere Momente. Ich habe meine auch schon brennen lassen. Jede Kerze ist eine Erinnerung daran, dass unsere Geschichten dabei sind, Auferstehungsgeschichten zu werden. Dass sie ihrem erlösenden Moment entgegengehen. Mag sein, dass einige ihr Sternchenfeuer erst ziemlich am Ende der Ge-

Bringt die Wunderkerze mit! Zündet sie vor unseren Augen an und erzählt davon, was Gott getan hat.

schichte entzünden werden, aber wir werden sie gemeinsam bejubeln und zu Gottes Ehre hochhalten. Man könnte diesen Gedanken im Hinterkopf behalten, wenn man auf der Suche nach einer Gemeinde ist. Man könnte nach der Geschichte fragen, die hier im Gang ist und sich überlegen, ob man daran teilhaben will. Ob es am Ende die eigene, größere Geschichte sein könnte, die man hier erleben möchte.

Das gemeinsame DU

Martin Schleske schreibt in seinem Buch „Der Klang" über dieses Zusammen-Glauben als von einem „gemeinsamen Du", das wir als Gemeinschaft vor Gott sind. Ein bisschen können wir davon ahnen, wenn wir die Sendschreiben an die sieben Gemeinden in der Offenbarung lesen. Die Briefe sind in der Du-Form geschrieben. Und das ist auch das Außergewöhnliche, auf das Schleske hinweist (was mir bis zu diesem Moment nie aufgefallen war). Die Gemeinde wird nicht als Gruppe angesprochen, sondern die Botschaft ist an den jeweiligen Engel der Gemeinden adressiert. Er schreibt darüber:

„Diese eigentümliche Anrede als ‚Engel' drückt das transzendente DU aus, das eine jede Gemeinde vor Gott ist! Darin ist sie erkannt, berufen und geschützt (...) Wir werden einmal sehen, was wir als Gemeinschaft vor Gott für ein Muster waren; werden sehen, was wir an Gnade erfahren haben, an Treue bewahrt haben, an Wahrheit durchliebt haben, an Liebe gelebt haben, an Schwierigkeiten überwunden haben (...) Das laute einzelne ICH findet in der Bibel keine Resonanz – nicht weil der Einzelne keine Würde hätte, sondern weil sich seine Berufung erst im Du der Gemeinschaft erweist."[39]

Was für ein großer Gedanke: das gemeinsame Du. Der Engel der Jesus Freaks Stuttgart. Und, ja, diese Berufung bleibt ein beständiges Ringen. Besonders dann, wenn die aktuellen Szenen nicht wirklich überzeugend sind. An manchen Sonntagen gehe ich tatsächlich auch einfach nur deshalb in den Gottesdienst, weil die Alternative, alleine mit dem wilden Sohn zu Hause zu bleiben, nicht besonders attraktiv ist. Also komme ich mit. Kein toller geistlicher Grund, ich weiß. Und ich saß auch schon öfter auf dem Rückweg vom Gottesdienst neben Heio im Auto und sagte: „Ich geh da jetzt erst mal nicht mehr hin. Es nervt. Wieso sind wir IMMER da? Ich habe echt keinen Bock mehr!" Und er sagt dann in etwa Folgendes: „Christina, jetzt warte doch mal ab! Es liegt noch einiges vor uns. Lass uns zusammenbleiben. Ich glaube, es lohnt sich." Und deshalb gehe ich nächsten Sonntag wieder hin. Das ist es wohl, was Sarah Bessey „the holy work of staying"⁴⁰ nennt. Die heilige Arbeit des Bleibens. Trotz allem. Es miteinander weiter aushalten. Weil wir nicht die ganze Geschichte verpassen wollen. Weil einige Verheißungen für uns gemeinsam gelten. Weil es noch einige Wunderkerzen anzuzünden gilt. Und deshalb bleibe ich.

Und überhaupt: Wo soll ich denn sonst hingehen?

11 Ganz groß

Sei vorsichtig, wenn du die Leiter des Erfolgs und der Macht hinaufsteigst; auf deinem Weg nach oben könntest du Jesus treffen – auf seinem Weg nach unten.

Unbekannt[41]

Ihr wisst nicht, um was ihr bittet

„Und es treten zu ihm Jakobus und Johannes, die Söhne des Zebedäus, und sagen zu ihm: Lehrer, wir wollen, dass du uns tust, um was wir dich bitten werden. Er aber sprach zu ihnen: Was wollt ihr, dass ich euch tun soll? Sie aber sprachen zu ihm: Gib uns, dass wir einer zu deiner Rechten und einer zu deiner Linken sitzen in deiner Herrlichkeit! Jesus aber sprach zu ihnen: Ihr wisst nicht, um was ihr bittet. Könnt ihr den Kelch trinken, den ich trinke, oder mit der Taufe getauft werden, mit der ich getauft werde? (...) Und als die Zehn es hörten, fingen sie an, unwillig zu werden über Jakobus und Johannes. Und Jesus rief sie zu sich und spricht zu ihnen: Ihr wisst, dass die, welche als Regenten der Nationen gelten, sie beherrschen und ihre Großen Gewalt gegen sie üben. So aber ist es nicht unter euch; sondern wer unter euch groß werden will, soll euer Diener sein; und wer der Erste sein will, soll aller Sklave sein."

MARKUS 10,35–39.41–44

Ein bisschen groß rauskommen

Das ist mal wieder so eine Stelle, bei der man den Kopf über die Jünger schütteln kann. Sie sind mit Jesus auf dem Weg nach Jerusalem, er ist gerade dabei, ihnen anzuvertrauen, dass dort Leiden und Tod auf ihn warten, und sie sind innerlich damit beschäftigt, wer wohl die besten Plätze im Himmel abgreifen kann. Zumindest Jakobus und Johannes machen sich solche Gedanken und äußern sie gegenüber Jesus. Zum Missfallen der restlichen Jünger. Hier wird die Frage nach Größe verhandelt, wer von ihnen wohl am wichtigsten ist, wen Jesus wohl besonders ehren wird. Und wenn ich ehrlich bin, dann sehe ich mich auch im Kreis der Jünger stehen mit dem Wunsch nach Größe, nach Anerkennung, nach ein bisschen Erfolg und Ruhm. Wenn jemand etwas Tolles über mich sagt, dann winke ich zwar bescheiden ab, aber eigentlich möchte ich ihm am liebsten ein Mikrofon in die Hand drücken und ihn bitten, das noch mal zu wiederholen, damit es auch alle mitbekommen. Ich würde auch ganz gern in einer wichtigen christlichen Zeitschrift oder von einer großen Bühne aus lobend erwähnt werden. Natürlich alles zur Ehre Gottes!

Ich finde es spannend, wie Jesus auf diesen Wunsch der Jünger reagiert. Er sagt ihnen: „Ihr macht euch Gedanken über Größe? Prima. Dann lasst uns mal über zwei Dinge reden, die Größe in meinem Reich ausmachen: über das Leiden und das Dienen." Und mir wird wieder mal klar, dass Gottes Reich so anders ist als alle Reiche dieser Welt. Ich muss an ein Bild denken, das einer unserer Jesus Freaks an die Wand unseres Gebetsraumes gemalt hat. Darauf sieht man eine Dornenkrone, vier lange Nägel und einen Hammer und darunter steht: „How to become a king" (auf Deutsch: „Wie man ein König wird"). Und hier atme ich einmal tief durch und sage: „Jesus, du hast recht. Wir wissen nicht, um was wir bitten, wenn wir in deinem Reich bedeutend sein wollen." Und ich bin auch ein wenig erleichtert darüber, dass Gott mich in seiner Weisheit nicht ganz so groß werden lässt.

Eine richtig coole Gemeinde

An dieser Stelle will ich noch mal ein bisschen von der Geschichte unserer Gemeinde, den Jesus Freaks Stuttgart, erzählen. Die ganze Sache wurde mit der Zeit größer und etwas geordneter, wir mieteten alte Lagerräume, füllten sie mit einer Theke, Ledersofas, Plüschstühlen, einem lila Neonkreuz und vielen Besuchern. Wir hatten Bands, die ihre eigenen Lobpreislieder spielten, kreative Prediger und manchmal DJs auf der Bühne – kurz: Wir waren eine Zeitlang ziemlich cool und angesagt. Die Jesus Freaks-Bewegung wurde zunehmend in der Öffentlichkeit wahrgenommen und immer mal wieder schaute ein Kamerateam bei uns vorbei, um Leute zu interviewen und den Gottesdienst zu filmen. Als Jesus Freaks hatten wir die Vision, die Subkulturen und verschiedenen Szenen unserer Stadt für Jesus zu gewinnen. Wir wollten die besten Partys feiern und unsere Musik in die Charts bringen, wir wollten Kopf und nicht Schwanz sein. In vielen jungen Gemeinden nennt man das einfach „relevant sein", was missverstanden leider auch ein Synonym für „wichtig sein" bedeuten kann. Eigentlich ging es natürlich um die Ehre von Jesus und darum, ihn bekannt zu machen. Aber dass da in mir irgendetwas ein bisschen schräg lief, sollte ich bald merken. Ich sah die jungen und coolen Besucher zu uns kommen und war innerlich oft dermaßen angespannt und hoffte, dass sie nicht enttäuscht weggingen, dass unser Programm toll genug für sie war und unsere etwas abgedrehten Leute sie nicht abschreckten. Und natürlich wollte ich auch, dass sie eine krasse Begegnung mit Jesus hatten. Da man Letzteres nicht machen kann, warfen wir fast unsere gesamte Energie in die Gestaltung unseres Gottesdienstprogramms. Plötzlich wurden Dinge wichtig, die vorher überhaupt nicht wichtig waren. Ist die Musik cool genug? Wie kommen wir rüber? Klappen die Beleuchtung und der Beamer? Ist der Prediger auch richtig gut? Sagt er die Dinge ehrlich und ohne Schnörkel – auf der „Jesus Freaks-Schiene"?

Nicht jeder hat so gedacht. Und nicht jeder, der so dachte, hat es bewusst getan. Aber wenn ich ehrlich bin, sehe ich im Rückblick, dass vieles davon für mich wichtig war. Und damit fing ich an zu glauben, dass es noch ein bisschen mehr braucht als einfach nur Jesus. Es muss auch cool und toll und besonders sein. Das zeigte sich dann zum Beispiel auch daran, dass wir nicht mehr jeden ans Mikro ließen, weil wir keine langen, umständlichen Geschichten von Leuten hören wollten, die offensichtlich nicht ganz so „relevant" waren. Und leider sind dann genau diese Leute auch weggeblieben, mit so manchen Besuchern, die wir gerne halten wollten. Im Rückblick denke ich: Vielleicht mussten wir an dieser Stelle scheitern. Vielleicht musste Gott etwas zurückschneiden, was gewuchert und Kraft gekostet hat, aber auf Dauer keine Frucht hervorgebracht hätte.

Damit fing ich an zu glauben, dass es noch ein bisschen mehr braucht als einfach nur Jesus. Es muss auch cool und toll und besonders sein.

Rachel Held Evans hat vor einiger Zeit einen wunderbaren Artikel geschrieben mit dem Thema: „Blessed Are The Uncool!" (Auf Deutsch: „Gesegnet sind die Uncoolen!"). Darin schreibt sie unter anderem, warum es sie nicht wirklich in eine der tollen, angesagten Gemeinden zieht – mit Fair-Trade-Coffee-Bar, hammer Lobpreismusik, eigener App und einem gut-aussehenden Prediger. Sie schreibt: „Wenn das Evangelium von Lightshow und Nebelmaschine begleitet wird, dann beschleicht mich immer das Gefühl, dass mir jemand etwas verkaufen will. Es kommt mir so vor, als würden wir denken, das Christentum könne einfach nicht für sich alleine stehen, also gibt es noch Knabberzeug dazu. Aber der andere, noch viel wichtigere Grund, warum ich Teil einer uncoolen Gemeinde sein will, ist der, dass ich zu einer Gemeinde gehören will, die so einen Ruf hat, wie Jesus ihn hatte und – ob es uns gefällt oder nicht – die Leute, mit denen Jesus am liebsten zusammen war, waren nicht unbedingt die Coolen. Es waren vor allem Sünder, Ausgestoßene, Peinliche, Arme, Kranke und Verrückte."[42]

Ihre Worte waren wie ein Eimer Wasser, der mir ins Gesicht klatschte und mich zur Besinnung brachte. Man darf gerne über unsere Gemeinde den Kopf schütteln und mein Streben danach, besonders und cool sein zu wollen. Aber ich frage mich, ob wir nicht ehrlicherweise über ganz vieles in der frommen Landschaft den Kopf schütteln müssten. Wollen wir nicht alle ganz gerne das Große und Bedeutende haben? Einfluss, Zahlen, Follower, Anerkennung und die Auszeichnung mit dem goldenen Fisch. Und ist es nicht so, dass wir bei der Auswahl unserer Lobpreisteams vor allem auf die Schönen und Begabten achten? Dass wir uns bei Veranstaltungen gerne „große Namen" ins Boot holen und dass wir manchmal Menschen überfordern, weil wir sie zu frommen Lichtgestalten machen, die dann unter dem Druck, etwas Besonderes sein zu müssen, fast zusammenbrechen? Ich frage mich, ob wir so geprägt sind von unserer Welt, von ihrem Denken über Größe, dass wir in der Gefahr stehen, den Weg von Jesus dabei völlig aus den Augen zu verlieren, und mehr danach streben, erfolgreich zu sein als Frucht zu bringen.

Erfolgs- oder Auferstehungsgeschichten?

Vor einiger Zeit war ich mit einem Freund in Rom und besuchte an einem besonders drückend heißen Tag das „Forum Romanum", eine riesige Ausgrabungsstätte des römisches Marktplatzes aus der Zeit Jesu. Meinen Reisebegleiter hatte ich schon am Eingang irgendwo zwischen den alten Trümmern verloren und so quälte ich mich bei der sengenden Hitze durch das Ausgrabungstal. Ehrlich gesagt, bin ich geschichtlich nicht sehr bewandert und auf der Suche nach einem Schattenplatz lief ich auch ziemlich schnell an den Ruinen vorbei. Aber ich muss schon sagen: Sie waren ziemlich beeindruckend. Die Tempel für die Götter müssen unglaublich mächtige Gebäude gewesen sein, dazwischen die Triumphbogen der jeweiligen Herrscher, die an ihre errungenen Siege erinnerten. Als ich endlich am Ausgang angekommen war, wartete ich im Schatten eines kleinen Olivenbaums sehnsüchtig auf den Freund – er hatte die Stadtkarte dabei und ohne ihn würde ich niemals zurück zu unserer Pension finden. Da fiel mein Blick auf eine kleine Kirche. Ein Schild wies darauf hin, dass sie über den Kerker gebaut worden war, in dem Petrus eingesperrt war. Das hörte sich interessant an. Ich betrat das Gebäude und bestieg den Kellerraum – das ehemalige Staatsgefängnis des antiken Roms. Die Kälte, die mich im Halbdunkel empfing, ließ mich frösteln, und ein modriger Geruch hing in der Luft. Durch das eingelassene Loch im Boden konnte man in den Kerker schauen. Bevor die Gefangenen hierherkamen, mussten sie in den Triumphzügen ihrer Bezwinger mitmarschieren. Gedemütigt wurden sie anschließend in dieses Loch geworfen. Bestimmt konnte man von hier aus die großen Feiern und Zeremonien hören, die in den eindrucksvollen Palästen für die Götter abgehalten wurden. Und hier saß Petrus, den Jesus zum Gründer der Kirche bestimmt hatte, und wartete auf seine Hinrichtung. (Dagegen war mein Problem, wie ich zur Pension zurückkommen sollte, eher bescheiden.) Die Legende besagt, dass Petrus von seinen Gefängniswärtern entlassen wurde, nachdem er sie bekehrt hatte – kein schlechter Nebeneffekt. Und als er gerade dabei war, Rom über die Via Appia zu verlassen, begegnete er Christus, seinem Herrn. Petrus fragte ihn: „Quo vadis? Wohin gehst du?" Und Jesus antwortete ihm: „Ich gehe, um erneut gekreuzigt zu werden." Und Petrus, angeblich erschüttert, kehrte nach Rom zurück und wurde dort hingerichtet.

Keine Ahnung, was davon nur Legende ist und was wirklich passierte. Tatsache ist: Petrus wurde in Rom gefangen genommen und gekreuzigt. Und an diesem modrig, dunklen Ort in Rom trifft mich die Erkenntnis, wie anders das Reich Gottes ist als alle Reiche dieser Welt. Mir scheint, dass wir das in der langen Kirchengeschichte immer wieder vergessen. Wir stellen riesige Gebäude auf, um für unseren Gott einen mindestens so beeindruckenden Ort der Anbetung zu schaffen, wie es die alten Römer für ihre Götzen taten. Und nachdem ich das Forum Romanum durchwandert habe, verstehe ich auch ein bisschen, warum das so war. Wahrscheinlich ist es einfach eine menschliche Reaktion. Man stellt einen Petersdom in all seiner Pracht auf, um damit zu sagen: „Nimm das, römische Ruinentäler – unser Gott ist größer! Und er hat euch alle überlebt. Eure Triumphbogen sind eingestürzt, aber die Kinder Gottes gehen von Sieg zu Sieg! We're gonna make this nation great again, jawoll!"

Hat Gott nicht solche sichtbaren Machterweise verdient? Sollten wir nicht groß und beeindruckend werden – um Gottes Willen natürlich?! Damit will ich gar nicht große Gebäude und Megagemeinden und beeindruckende Kongresse schlechtreden! Oft habe ich schon genau da Ermutigung und Segen erlebt. Ich bin im schwäbischen Pietismus groß geworden, da steht manchmal das Kleine und Unscheinbare alleine gleichbedeutend mit dem, was Gott tut. Das glaube ich heute nicht mehr. Gott kommt auch durch schöne Kunst, perfekte Lightshows, tolle Musik und mit kraftvollen Worten in unsere Herzen. Aber was wir nicht vergessen sollten: Er braucht das alles nicht! Du kannst all das wegnehmen und am Ende kannst du trotzdem Christus finden. In schrägen Tönen. In schäbigen Räumen. In merkwürdigen, etwas peinlichen und ziemlich uncoolen Menschen. In gestammelten, ehrlichen Worten. In Tränen. Im Mangel, unerfüllten Wünschen und im Schmerz. In Brot und Wein. In einem Kerker in Rom. Manchmal ist er eben genau da. In ihrem Buch „Searching for Sunday" schreibt Rachel Held Evans: „Es liegt ein Unterschied darin, ob wir Erfolg oder die Auferstehung predigen. Wir gehen den schlammigeren Pfad."[43] Sie erinnert mich daran, dass unsere Geschichten mit Jesus keine steil und sauber nach oben verlaufende Erfolgsgeschichten sind. Deshalb macht es keinen Sinn, die Maßstäbe dieser Welt anzulegen: Kinder, Karriere, Einfamilienhaus und einen teuren Kombi in der Garage. Und doch scheint das in vielen Gemeinden die zu erstrebende Geschichte zu sein. Aber Jesus setzt seine Jünger auf eine ganz andere Spur. Er selbst, der dienende König mit der Dornenkrone auf dem Haupt, gibt uns die Richtung vor. Jesus ist der „heruntergekommene Gott". Er verließ seine Position zur Rechten des Vaters, gab Einfluss und Macht auf. Er wurde weniger. Wurde klein. Er begab sich auf einen Weg, der im Stall begann und am Kreuz endete. Scheinbar gescheitert. Die Jünger auf ihrem Weg nach Jerusalem ahnten noch nichts von diesem „matschigen Pfad", den sie mit ihm gehen sollten. Ein Pfad, auf dem man ins

Gott kommt auch durch schöne Kunst, perfekte Lightshows und mit kraftvollen Worten in unsere Herzen. Aber: Er braucht das alles nicht!

Schlingern kommen kann, der ins Dunkel führen kann und bei dem man sich unter Umständen die Hände am Dornengestrüpp zerkratzt.

Der Weg hinter Jesus her wird uns mit größerer Wahrscheinlichkeit in eine dunkle Zelle in Rom führen als in ein Wellness-Hotel an der Adria. Wir werden unterwegs eher eingeladen, an den Tischen der Armen und Verachteten zu feiern, als an der Kaviartafel der Reichen und Schönen Beachtung zu finden. Dieser Weg führt uns nicht an allen Traumstationen des Erfolgs vorbei, sondern lässt uns lernen, mutig ins Dunkel zu gehen – wenn Jesus uns vorausgeht. Das ist der schlammige Boden, aus dem Gott die schönsten Auferstehungsgeschichten formt.

Der Weg hinter Jesus her wird uns mit größerer Wahrscheinlichkeit in eine dunkle Zelle in Rom führen als in ein Wellness-Hotel an der Adria.

Hier wird Gottes Herrlichkeit sichtbar, wenn die Einfamilienhäuser längst wieder abgerissen werden und die teuren Autos auf dem Schrottplatz laden. Hier wird Frucht und Segen aufwachsen, wenn Erfolgskonzepte überholt sind und coole Gemeinden von anderen noch cooleren Gemeinden abgelöst wurden.

Gott schenkt auch Einfluss. Keine Frage. Manchmal werden die Massen bewegt, hinter Jesus her. Und wir sind dabei. Aber er kann uns auch in die andere Richtung rufen. Letztlich zählt in unserer Nachfolge einfach diese Frage: Quo vadis? Jesus, wohin gehst du gerade? Ich will dir folgen.

Wenn der Weg nach unten geht

Im Englischen gibt es den Begriff „Downward Mobility", die Bewegung nach unten. Er beschreibt einen sozialen Abstieg, der aber nicht erzwungen ist. Es geht um ein freiwilliges Loslassen, um eine bewusste Bewegung entgegen der Richtung, die unsere Welt vorgibt. Ich muss ehrlich bekennen: Mir fallen nur wenige Situationen in meinem eigenen Leben ein, in denen ich nicht gezwungenermaßen, sondern ganz freiwillig diesen Weg gegangen bin, als eine Konsequenz meiner Jesusnachfolge. Aber ich weiß von Menschen, die das getan haben. Ein Freund hat ein vielversprechendes Karriereangebot dankend abgelehnt, einfach weil Jesus ihm eine andere Richtung zeigte, in die er mit ihm gehen wollte. Eine Pastorin lief mit ihrer Gemeinde Jesus hinterher zu den Kaputten und denen am Rand der Gesellschaft, obwohl sie genau wusste, dass sie auf diesem Weg die reichsten Gemeindemitglieder (und damit auch die größten Spendenschecks!) verlieren würde. Ein bekannter, charismatischer Leiter eines großen Missionswerkes entschied sich, Pfarrer in einer kleinen Gemeinde auf dem Land zu sein. Klein werden. Auf Karriere, Geld und Einfluss verzichten. In den Augen der Welt ist das Irrsinn. Aber es ist der „verheißungsvolle Widerspruch" von Gottes Reich, in dem die Letzten zu den Ersten gemacht werden, das Verachtete erwählt und derjenige groß genannt wird, der bereit ist zu dienen. Und die Kirche sollte immer wieder der Ort sein, an dem dieser Widerspruch laut und klar geäußert wird.

Von Helden und großen Momenten

Wenn wir hier über Größe reden, dann möchte ich auch noch ein Wort über die Helden der Kirche verlieren. Einige davon hat Gott für uns ins Scheinwerferlicht geholt, aber die meisten sind verborgen und unbekannt geblieben. Ich sehe meine Geschwister in den Arbeitslagern von Nordkorea. Ich denke an zerrissene

Familien, an Kinder, die ohne ihre Väter aufwachsen, weil die im Gefängnis sitzen, einfach nur deshalb, weil sie an Jesus glauben. Ich höre von meinen Geschwistern in muslimischen Ländern, viele ausgestoßen von ihren Familien, in Todesangst und verachtet. Sie trinken den Kelch Christi. Jesus erinnert mich immer wieder an sie. Eigentlich fast jeden Morgen. Und er bittet mich, für diese Helden, die mutig ins Dunkel gehen, zu beten. Meine Geschwister machen mich gleichermaßen stolz und demütig. Und sie rücken meinen Blick gerade. Sie zeigen mir, dass man die größten Lobpreiser nicht an den Verkaufszahlen ihrer CDs oder an einem Grammy-Award erkennen kann. Es ist der Lobpreis, der unter Tränen und mitten in der Nacht gesungen wird, der den Himmel berührt und Gefängnismauern zum Einstürzen bringt. Die Größe des Himmels ist da, wo Menschen den Kelch des Leidens mutig und zitternd aus Gottes Hand nehmen und ihm weiter nachfolgen – egal was es sie kostet. Nachfolge wird immer etwas kosten. Wir sollten das nicht als Kleingedrucktes im Vertrag verschwinden lassen. Das führt nur dazu, dass wir denken, wir hätten uns verlaufen, wenn der Weg mal ins Dunkel geht oder ein Abstieg bevorsteht.

Und wenn für unsere westliche Kirche nicht die Verfolgung die große Herausforderung ist, dann ist es vielleicht das Dienen, dass wir auf die Knie gehen und klein werden. Um Jesu Willen. Wir erleben Größe, wenn wir wegkommen von der Frage „Was bringt mir das jetzt?" Wenn wir fragen: Was brauchen mein Bruder und meine Schwester? Wir erleben Größe, wenn wir nicht die besten Plätze für uns suchen, sondern freudig den Stuhl räumen für denjenigen, der keinen hat. Wir erleben

Größe, wenn wir uns nicht darum sorgen, was für einen Eindruck wir wohl hinterlassen, sondern wir uns einfach wünschen, dass Menschen von Jesus beeindruckt werden. Wir erleben Größe, wenn wir uns nicht aufteilen in die „wichtigen" Leute und die weniger wichtigen, wenn wir keine Positionen im Blick haben, wenn der angesehen ist, der bereit ist zu dienen. Egal ob als Superintendent oder als Messner oder als jemand, der treu und unbemerkt für andere betet.

In dem Moment, in dem Jesus vor seinen erstaunten Jüngern auf die Knie ging, um ihnen die Füße zu waschen, hat er das Beispiel gesetzt, dem wir nacheifern sollen. Nein, es geht nicht darum, sich kaputt zu machen. Aber es geht um Liebe. Um Hingabe. Um Dankbarkeit, die sich ausdrückt. Um weite Herzen, die Gottes Ehre suchen statt der eigenen, die Gemeinsamkeiten hochhalten und nicht Recht behalten müssen. Und so eine Gemeinschaft hat eine unglaubliche Strahlkraft in der Welt. Ich glaube, da, wo die Kirche Jesu bereit ist zu dienen, das Kreuz auf sich zu nehmen, wo sie sich nicht um ihren Ruf schert, wo sie einfach Jesus hinterhergehen will, auch wenn er gerade auf dem Weg ist, gekreuzigt zu werden, da ist die Kirche vollmächtig und strahlend schön. Und sie widerspricht auf kraftvollste Weise den Wegen dieser Welt.

In dem Kerker von Rom starb die Kirche nicht. Sie sah zugegeben auch nicht sehr siegreich aus. Ihr Anführer, den Jesus als Kirchengründer eingesetzt hatte, wartete auf seine Hinrichtung. Aber hier war nicht das Ende. Die Leiden von Petrus und von vielen anderen seiner Brüder und Schwestern waren die Geburtsschmerzen der frühen Kirche. Doch heute liegen die Triumphbögen in Trümmern. Und es kommen jeden Tag neue Menschen dazu, die dem Auferstandenen nachfolgen wollen.

Die Kirche muss sich in ihrer Geschichte immer wieder fragen lassen: Quo vadis? Wohin gehst du? Wir sollten Jesus folgen. Das ist die Richtung, in die wir gehen sollten. Und wenn er uns eine Zeitlang groß macht in den Augen der Welt, folgen wir ihm. Und wenn er uns in den Augen des Himmels groß machen will, dann hoffe ich, dass wir auch folgen können.

Große Momente in der Kirche

Bereitwillige Hände im Spülbecken
Lobpreis unter Tränen
den eigenen Platz anbieten
sich über die Not des anderen den Kopf zerbrechen
die Predigtzeit kürzen, um das Mikro weiterzureichen
als unfreiwillig Kinderlose einer Mutter
das quengelnde Kind abnehmen
eigene Pläne und Programme entspannt durchkreuzen lassen
einen guten Witz zurückhalten,
weil er jemanden in der Gruppe verletzten könnte
um Verzeihung bitten
treu sein, wenn niemand hinsieht
eine andere Gemeinde loben
junge Leute segnend in die andere Gemeinde verabschieden

(An dieser Stelle danke ich dem CVJM Heimerdingen, die segnend einige ihrer jungen, vielversprechenden Leute in unsere Gemeinde gehen ließen! Das war und ist für mich ein Vorbild.)

12 Platz für die Liebe

Die Kirche ist nicht in erster Linie dazu da, Unterhaltung zu bieten, die Bereitschaft zu fördern, verletzbar zu werden oder das Selbstwertgefühl zu stärken oder Freundschaften zu begünstigen, sondern Gott anzubeten. Wenn sie in diesem Punkt versagt, hat sie wirklich versagt.
Philip Yancey[44]

Jesus trieb hinaus, die im Tempel verkauften
„Und Jesus trat in den Tempel ein und trieb alle hinaus, die im Tempel verkauften und kauften, und die Tische der Wechsler und die Sitze der Taubenverkäufer stieß er um. Und er spricht zu ihnen: Es steht geschrieben: ‚Mein Haus wird ein Bethaus genannt werden'; ihr aber macht es zu einer Räuberhöhle."
Matthäus 21,12–13

Heiliger Zorn

Das war wohl ein ziemlich verstörender Moment für die Jünger von Jesus. Sie waren mit ihm endlich in Jerusalem angekommen, unter großem Jubel der Volksmenge, und Jesus wurde sicher voller Spannung und Vorfreude im Tempel erwartet. Aber als sie mit ihrem Rabbi dort eintrafen, erfüllte er wieder einmal nicht ihre Erwartungen. Im Gegenteil. Er nutzte nicht die

Gunst der Stunde, die er bei dem Volk hatte, sondern er schien total auf Krawall gebürstet. Er fing an, die Tische umzuwerfen, und trieb die erschrockenen Händler unter Beschimpfungen aus dem Tempel.

Das Bild eines derart zornigen Jesus macht uns Schwierigkeiten. Manche Bibelausleger schlagen vor, dass Jesus das nur getan hat, weil es eben zu den vielen Voraussagen und Erkennungszeichen des Messias gehörte, die er einfach erfüllte. Aber die Vorstellung, dass Jesus nur pflichtgetreu und innerlich seufzend diesen Teil der Prophetien abgehakt hat, fällt mir schwer. Er kam zum Tempel, dem Ort, den Menschen damals oft nach langen mühsamen Reisen erreichten, in der Hoffnung, Gott zu begegnen. Und im Vorhof, der ein Anbetungsort für die Menschen aus allen Nationen sein sollte, die den Tempel selbst nicht betreten durften, war alles voller Trubel und Geschäftemacherei. Tauben, Schafe und andere Opfertiere drängten sich zwischen den Verkäufern und gerissenen Geldwechslern. Die Armen wurden ausgebeutet und die Heiden waren ihrem Ort der Begegnung mit Gott beraubt. Und weil Jesus genau das sah, packte ihn der heilige Zorn. Im Johannesevangelium steht, dass die Jünger bei dieser Aktion an die Schriftstelle aus Psalm 69 denken mussten: „Der Eifer um dein Haus verzehrt mich!" Vielleicht rief er seine Worte schmerzerfüllt und unter erstickten Tränen: „Das ist das Haus meines Vaters! Hier sollte der Ort der Begegnung mit Gott sein! Stattdessen ist es eine Räuberhöhle. Die Menschen kommen hierher voller Sehnsucht nach Gott, und sie finden das, was sie auf jedem Marktplatz in irgendeinem Ort der Welt auch finden können. Sie werden der Begegnung mit mir beraubt, weil ihr euch hier ausgebreitet habt. Schert euch hinaus! Hier ist ein Raum für Gott. Wo sind die Wächter und Tempeldiener? Wer war achtlos, wer hat vergessen diesen Raum heilig zu halten?"

Unser nicht ganz idealer Tag der Hochzeit

Ich will euch ein wenig von meiner Hochzeit erzählen. Dieser Tag ist für viele ja so eine Sache. Wenn ich mich in meinem Freundes- und Bekanntenkreis umhöre, dann schwanken die Erzählungen von „traumhaft" bis „traumatisch". Etwas dazwischen hört man selten. Entweder war es ein fast perfekter, wunderbarer Tag oder es ging einfach zu viel schief und man erinnert sich nicht so gerne daran. Wenn meine Stimmung stabil ist, dann sehe ich im Rückblick, dass wir einen ziemlich tollen Tag hatten. Aber an den weniger guten Tagen fallen mir leider zuerst die Katastrophen ein: schlechtes, richtig kaltes Wetter, weshalb wir hektisch noch irgendwelche Heizstrahler besorgen mussten, die den Raum aber letztlich doch nicht wirklich aufheizen konnten. Meine Frisur, die in sich zusammenfiel, weil ich den Rat einer Friseurin befolgt hatte, an diesem Tag meine Haare NICHT zu waschen (und die fettigen Haare trugen nicht gerade dazu bei, mich als schöne Braut zu fühlen!). Die Schuhe, die eine Nummer zu groß waren und die ich nach der Trauung gegen weiße Billigstiefel eintauschen musste. Der Streit zwischen Caterer und Hausmeister, den meine lieben Freunde schlichten mussten. Die Pappteller zum Kaffee statt des schönen Geschirrs und die technischen Probleme, die unsere Lieblingslieder als Hintergrundmusik verhindert haben. Aber all das zusammen war nichts gegen das Problem, das mich bis kurz vor der Trauung beschäftigt hat: Ich wollte mein Sechziger-Jahre-Brautkleid, das ich für ein paar Euro in einem Second-Hand-Laden in Berlin gefunden hatte, noch ein bisschen aufpeppen und hatte mir dazu einen ziemlich coolen, weißen Rock 'n' Roll-Gürtel mit silbernen Sternen gekauft. Ein gewagtes Accessoire – und kurz vor der Trauung verließ mich der Mut. Ewig stand ich vor dem Spiegel und murmelte mantrahaft die Frage: „Mit oder ohne Gürtel?" Von meinem Zukünftigen, der in seinem blauen Samtanzug einfach klasse aussah, kam wenig Hilfreiches: „Du siehst toll aus – egal ob mit oder ohne Gürtel!" Klar, das musste er ja sagen. Ich wurde immer verzweifelter. Viel zu spät kamen wir aus dem Haus, standen im Stau und mussten befürchten, zu unserer eigenen Hochzeit zu spät zu kommen. (Musste der VfB Stuttgart auch ausgerechnet an unserem Hochzeitstag ein Heimspiel ansetzen?) Aber die Gürtelfrage blieb weiterhin mein größtes Problem. Die rettende Idee kam dann doch vom Mann im blauen Samtanzug: Er schlug vor, eine Freundin zu fragen, deren Kleidungsstil ich bewundere. So bekam die erstaunte Anna, die auf dem Weg zur Trauung war, den verzweifelten Anruf der Braut mit der Bitte, am Parkplatz zu warten, um bei der Lösung zu helfen. Und da stand sie dann, warf einen kurzen Blick auf mich und das Kleid und sagte: „Ohne Gürtel!" und ich ließ das gute Stück im Auto zurück – und musste im Lauf der Feier ab und zu wehmütig an ihn denken. Wenn ich das hier aufschreibe, denke ich: Mann, wie peinlich – was für ein Drama um so ein kleines Detail! Aber so war es. Und wenn andere von ihrem Hochzeitstag schwärmen, passiert es, dass ich Heio anschaue und wir nur den Satz sagen: „Mit oder ohne Gürtel?" und ich in hysterisches Lachen ausbrechen muss.

Im Rückblick finde ich es traurig, dass mir von unserem Hochzeitstag die missglückten Momente um die Gürtelfrage am eindrücklichsten in Erinnerung geblieben sind. Es gab so viele wunderbare Momente an diesem Tag. Aber daran erinnere ich mich nicht mehr so genau. Nicht dass ich es vergessen hätte, aber ich habe sie nicht mit der Intensität wahrgenommen, die diese Momente verdient hätten. In meiner Sorge, dass sich auch alle wohlfühlen, dass ich gut aussehe und der Tag so perfekt wie möglich abläuft, habe ich die besonderen Momente, die ich hätte genießen können, nur am Rande wahrgenommen: die wunderbaren Worte der Predigt, der schöne Lobpreis, das Lachen und Mitfreuen unserer tollen Familie und die Freunde, die aus aller Welt angereist sind. Das wärmende Feuer aus der Waschtrommel, Wunderkerzen und schöne, liebevoll vorbereitete Live-Musik. Umarmungen und warme Worte, Kinderlachen und Kuchenkrümel, erhobene Bierflaschen und spontan gesungene Lieder. So viele besondere Momente! Am meisten aber bereue ich, dass ich an diesem Tag zu selten Heios liebevollen Blick aufgefangen habe, dass ich sein Trauversprechen kaum wahrnehmen konnte, weil ich mir im Kopf schon meine Worte zurechtgelegt habe. Ich bereue, dass wir keinen besonderen Moment für uns hatten, weil ich viel zu voll mit meinen eigenen Gedanken und Sorgen war.

Die Augen nicht von Jesus lassen

Auf einer traditionellen jüdischen Hochzeit wäre mir das vielleicht nicht passiert. Weil es da nämlich einen Zeitpunkt im Ablauf des Festes gibt, der sozusagen alle „Händler" rausschmeißt, der alles andere kurz ausblendet und einen Ort der innigen Begegnung für das Brautpaar möglich macht. Man nennt ihn *Jichud*. Das bedeutet: „ganz für sich sein". Nach der Eheschließung wird das Brautpaar in einen Raum geführt, in dem es für einige Minuten zu zweit ist. *Jichud*. Hier kann das Brautpaar den Blick ineinander versenken. Alle anderen Blicke sind hier ausgeblendet. Es ist der Moment, in dem die beiden sich bewusst machen: Jetzt gehören wir zusammen. Sie nehmen die Liebe wahr.

Wenn es ein richtig orthodoxes jüdisches Paar ist, kann es sogar sein, dass sie sich hier zum ersten Mal küssen. In früheren Zeiten wurde in diesem Raum tatsächlich die Ehe vollzogen. Heute ist das nicht mehr so (und ich stelle mir das auch nicht sehr entspannt für das Brautpaar vor – immerhin wartet die gesamte Hochzeitsgesellschaft schweigend vor der Tür, um anschließend weiterzufeiern!). Lauren Winner, die als Jüdin an einigen orthodoxen Hochzeitsfeiern teilgenommen hat, beschreibt, dass der Moment des *Jichud* oft der Augenblick der Feier ist, in dem der Funke zwischen dem Paar entzündet wird. Auf der ersten orthodoxen Hochzeit, an der sie teilnahm, kam das Brautpaar aus dem *Jichud*-Raum und brachte es einfach nicht mehr fertig, die Hände voneinander zu lassen. Es war das erste Mal gewesen, dass ihre Hände einander überhaupt berührt hatten.[45]

Orte für die Liebe

Ein Freund aus unsrer Gemeinde brennt zurzeit unglaublich für Jesus. Obwohl er einen ziemlich heftigen Job hat und zu Hause zwei kleine Kinder und eine müde Frau auf ihn warten, kniet er sich jeden Abend, wenn seine Mädchen schlafen, neben die kleinen Kinderbetten und lässt sich ausgiebig von Jesus umarmen. Statt vor dem Fernseher oder einem Computerspiel zu versumpfen, sieht er sich oft noch eine Predigt auf Youtube an oder liest ein paar Kapitel in der Bibel. Nicht weil er es muss, sondern weil der Gute einfach nicht die Finger von Jesus lassen kann. Ich muss wahrscheinlich nicht betonen, dass dieser Freund mit seiner ganzen Familie ein großer Segen für unsere Gemeinde ist. Einmal im Monat stellen sie ihr Wohnzimmer zur Verfügung und laden die Gemeinde zu sich ein. Die vielen Kinder hinterlassen jedes Mal eine Spur der Verwüstung (ich würde durchdrehen, wenn es meine Wohnung wäre!). Aber sie schenken uns eine wunderbare Zeit. Wir essen zusammen leckeren Kuchen und trinken Kaffee, unterhalten uns und beten miteinander. Alles ohne ein festes Programm. Und irgendwann schnappt sich der Gastgeber seine Gitarre – nicht weil er muss, sondern weil er einfach nicht anders kann! – und wir beten zusammen Jesus an. Und seine Hingabe und Liebe zu Jesus sind jedes Mal wie Salz auf meinen Lippen: Sie machen mich so durstig nach Jesus! In diesem Haus ist so viel Platz für die Liebe. So viel Platz, um Jesus zu begegnen. Wie sehr brauchen wir solche Häuser!

In den letzten Jahren sind an verschiedenen Orten auf der Welt, teilweise zur genau gleichen Zeit, Gebetshäuser entstanden. Auch in Deutschland gibt es zunehmend

Seine Hingabe und Liebe zu Jesus sind jedes Mal wie Salz auf meinen Lippen: Sie machen mich so durstig nach Jesus!

Orte, an denen 24 Stunden gebetet wird. Für mich sind es Orte, die uns daran erinnern, dass wir geschaffen sind, um innige Begegnungen mit Jesus zu haben. Völlig zweckfrei. Einfach nur, um seine Nähe zu genießen.

Sich erinnern, wem das Haus gehört

Wenn man mich fragen würde, was die Kirche Jesu bei uns in Deutschland am meistens braucht, würde ich wahrscheinlich antworten: Der Funke zwischen der Kirche und Jesus muss neu entzündet werden. Ich wünschte mir, dass wir Räume in unseren Gotteshäusern, Wohnzimmern und in unseren Herzen schaffen, in denen wir einfach Jesus begegnen können. *Jichud.* Wo wir den Blick in seinen versenken und erkennen, wie geliebt wir sind. Orte, an denen wir von Herzen Gott anbeten. Der Theologe Walter Wink schrieb einmal, dass die Anbetung Gottes uns daran erinnert, wem das Haus gehört. Bildlich gesprochen kann die Anbetung die Tische unserer Geschäftigkeit, die Räuber, die uns die innigen Momente mit Gott klauen möchten, und alle kranke Selbstbezogenheit hinauswerfen. Und die gemeinsame Anbetung hilft uns zu erkennen, dass unsere Füße auf heiligem Boden stehen, egal ob es eine Gefängniszelle oder ein Dom ist: Wir stehen an dem Ort, an dem wir Gott begegnen können. Hier sind wir ganz für ihn da. Und er für uns. Innigste Begegnung. Wie schön wäre es, wenn wir unsere Gottesdienste verlassen würden und die Finger nicht von ihm lassen könnten, wenn unsere Gedanken wie bei einer verliebten Braut ständig weiter um ihn kreisen und jedes Gespräch, jede kleine Begegnung bestimmen würden! Ich denke, wir würden dann endlich aufhören, uns mit nebensächlichen Dinge zu beschäftigen: ob die Räume passen, die Musik perfekt ist, sich die Leute wohlfühlen und die eigene Frisur sitzt. Wir würden uns nicht mehr so ärgern, wenn etwas schief läuft, wenn etwas geboten wird, was unseren eigenen Vorstellungen nicht entspricht, weil wir uns bewusst wären: Die „Show" ist ja nicht für mich. Es geht um Jesus! Hier wird kein Unterhaltungsprogramm aufgefahren, bei dem ich der kritische Konsument bin, der den Wert beurteilt. Im besten Fall sind die Akteure, die etwas zum Gottesdienst beitragen, wie Souffleure, die uns an unseren eigenen Text erinnern, der in unserem Herz liegt, um Gott anzubeten.[46]

Wenn wir diesen Blick einüben, dann werden wir langsam zu Sehenden. Wir sind keine Braut, die sich nur um sich selbst dreht, wir halten uns nicht an den oberflächlichen Dingen auf, wir lernen, die besonderen Momente zu genießen. Die spielenden Kinder, ihr Durcheinanderrufen und ihre unverstellte

Wie schön wäre es, wenn unsere Gedanken wie bei einer verliebten Braut ständig weiter um ihn kreisen würden!

Freude – all das erinnert uns an die Notwendigkeit, uns von Gott unterbrechen und segnen zu lassen. Die junge Frau, die ihr schönstes Kleid angezogen hat, und die geöffneten, schwieligen Hände des alten Mannes beim Beten lassen uns über Gottes Schönheit staunen. Die Kuchenreste zeigen uns Gottes Großzügigkeit, zeigend dass wir mehr als genug haben. Die zerfledderte Bibel des Predigers erfüllt uns mit Dankbarkeit für Gottes Wort, die Umarmung von zwei Freunden, die sich länger nicht gesehen haben, weckt in uns die Sehnsucht nach Gottes Umarmung und das neugeborene Baby in den Armen des stolzen Papas stillt unsere Seele in dem Wissen, wie geliebt wir sind. Die Innigkeit, mit der ein „Souffleur" auf der Bühne Jesus anbetet, erinnert uns an den Text in unserem Herzen und wir fangen an, unseren König zu ehren.

Es gibt so viele wunderbare Momente, die wie ein Lächeln Gottes über uns liegen, das wir auffangen können, indem wir es einfach wahrnehmen und zurücklächeln. Der Bräutigam ist hier. Er, wegen dem wir doch eigentlich gekommen sind. Er will uns umarmen und wir dürfen ihn lieben – egal ob mit oder ohne Gürtel.

Raum schaffen für die Liebe

Während ich das schreibe, mache ich innerlich schon eine kleine Packliste, weil ich für zwei Tage auf den „Betberg" fahre werde. So heißt tatsächlich das kleine Dorf in den Weinbergen bei Freiburg. Und dort ist auch das Haus der Stille, das ich seit einigen Jahren regelmäßig besuche. Wenigstens einmal im Jahr versuche ich, dorthin zu fahren. Ehrlich gesagt habe ich schon daran gedacht, es dieses Jahr sausen zu lassen. Ich bin müde, stecke gerade mal wieder in einem tagelangen Migräneanfall und am liebsten würde ich einfach zwei Tage nur zu Hause im Bett liegen oder mit Heio in irgendein Wellnesshotel fahren. Aber ich werde mich ins Auto setzen und losfahren. Aus dem einfachen Grund, mein Herz daran zu erinnern, dass das Wichtigste in meinem Leben die Beziehung zu Jesus ist. Ich will bei ihm sein. Im Trubel des Alltags vergesse ich das immer wieder. Deshalb braucht es, wie in einer guten Ehe, ab und zu ein Wochenende, an dem wir ganz alleine etwas unternehmen. Er und ich. Ich fahre ohne eine Liste von Fragen, auf die ich Antworten brauche. Ich lasse das Buchmanuskript zu Hause. Ich will einfach Zeit mit Jesus verbringen. Völlig zweckfrei. Zeit, ganz alleine mit Jesus. *Jichud.* Weil ich keine gleichgültige Braut Jesu sein will. Er hat meine ganze Liebe verdient.

Jichud. Ganz für sich sein. Ein kurzer Moment am Morgen. Ein Abend in der Woche. Ein Wochenende im Jahr. Ein stiller Moment im Gottesdienst. Ein Lobpreisabend ohne viel Programm. Eine Nacht im Gebet. Einfach bei Jesus sein. Wir lassen den Funken anfachen. Wir wollen seinen Kuss auf der Seele spüren. Wir wollen eine liebeskranke Kirche werden, die ihre Hände nicht von ihm lassen kann, die es nicht lassen kann, ihm zu dienen und ihn zu lieben, wo immer sie hingeht. Ich brauche die Souffleure, die mich daran erinnern, wem das Haus gehört! Und manchmal braucht es ein bisschen mehr als flüsternde Souffleure. Manchmal braucht es eine laute Stimme, die uns aufweckt. Umgekippte Tische und all das. Ein bisschen Punkrock. Wie es die Jesus Freaks-Band Christcore ausdrückte:

Ich spiel in einer Punkrockband,
vor meinem Fenster hängt ein Transparent.
In Druckbuchstaben hab ich draufgesetzt:
Dieses Haus, das ist besetzt.
Jesus hat mein Haus besetzt.

Und er wird dort immer bleiben.
Wenn böse Geister es stürmen woll'n,
dann wird er sie vertreiben!

So sieht es aus. Manchmal muss man aufstehen und rufen: Dieses Haus gehört Gott! Wenn nötig, soll Jesus kommen und sämtliche Tische umwerfen. Er soll die Räuber hinausjagen, die uns diesen Raum stehlen wollen. Er soll die Wächter seines Hauses in feurige Eifersucht versetzen. Dieses Haus gehört Gott! Wir sind da, um geliebt zu werden und ihn zurück zu lieben. Jesus verdient eine feurige Braut, die ihn ohne Ende liebt. Wir haben einen großen Liebhaber. Er weiß, wie er unsere Herzen zum Brennen bringt. Er ist auf dem Weg, um unsere Liebe zu wecken.

Öffnet die Herzen und die Kirchenräume
weit wie Scheunentore
schafft Platz

schafft noch mehr Platz

viel Platz

auf dass der König der Ehre einziehe

13 Eins sein

Eine Wahrheit über Gemeinschaft lerne ich langsam zu akzeptieren: Richtig gelebt, hat sie immer auch etwas Übernatürliches. Sie braucht das Wirken des Heiligen Geistes im Miteinander und in jedem von uns.

Sarah Bessey[47]

Dass sie eins seien

„Dies redete Jesus, hob seine Augen auf zum Himmel und sprach: Vater, die Stunde ist gekommen. Verherrliche deinen Sohn, damit der Sohn dich verherrliche (...) [Ich bitte] auch für die, welche durch ihr Wort an mich glauben, damit sie alle eins seien, wie du, Vater, in mir und ich in dir, dass auch sie in uns eins seien, damit die Welt glaube, dass du mich gesandt hast. Und die Herrlichkeit, die du mir gegeben hast, habe ich ihnen gegeben, dass sie eins seien, wie wir eins sind – ich in ihnen und du in mir – dass sie in eins vollendet seien, dass die Welt erkenne, dass du mich gesandt und sie geliebt hast, wie du mich geliebt hast."

JOHANNES 17,1.20–23

Wie der große Wunsch von Jesus klingt

Hier finden wir etwas Einmaliges: einen Live-Mitschnitt des Gebets Jesu, das er an seinem letzten gemeinsamen Abend mit seinen Jüngern, kurz vor seiner Verhaftung, sprach. Keine Ahnung, ob Jesus dieses Gebet im Anschluss an das Passahmahl vor ihnen gesprochen hat, oder ob sie es im Garten Gethsemane belauscht haben. Sie haben es auf jeden Fall mitbekommen. Ein innigstes Gespräch von Jesus mit seinem Vater. Unsere ehrlichsten Gebete, die wir nur an Gott richten, lassen tief in unser Herz blicken. Jesus gewährt seinen Jüngern noch einmal einen Blick in seine tiefsten Wünsche, die er für sie, seine Freunde und Wegbegleiter, hat.

Und fünfmal (!) äußert er dieselbe Bitte: „Vater, mach, dass meine Jünger eins sind!" Ich denke, wenn Jesus einmal etwas sagt, dann ist es wichtig genug, sich daran zu halten. Wenn er aber in seinem letzten Gebet für uns Gott fünfmal um unsere Einheit anfleht, dann könnte man daraus schließen, dass ihm das tatsächlich ziemlich wichtig ist. Er betet nicht darum, dass wir gut zusammenarbeiten, dass wir miteinander irgendwie klarkommen und uns ertragen. Er betet, dass wir eins sind so wie Jesus und der Vater. Im Griechischen steht für Einswerden das Wort *symphonia* – zusammenklingen. Und wer könnte diesen Ausdruck besser erklären als ein Musiker und Geigenbauer: Martin Schleske beschreibt die Stimmung bei einem Konzert, das unruhige Murmeln und die Geräusche des Instrumentenstimmens aus dem Orchestergraben: „Nach dem Eingangsapplaus folgt eine kurze, erwartungsvolle Stille – und dann der Klang! Nun sind die Stimmen der Instrumente in ihrer Schönheit klar zu hören. Sie verbinden sich in der Komposition zu einem gewaltigen Du. Das macht den Unterschied. Klang ist kein Rauschen, es ist das Zusammenklingen der vielen in dem einem Werk. Nun wird der Gedanke des Komponisten hörbar! (...) Jede Gruppe hat ihre Stimme, ihre Pause und ihren Einsatz, und es ist darum unerlässlich, dass man gut aufeinander hört. Die Einheit der Symphonie beruht darauf, dass jeder Einzelne das Recht aufgibt zu spielen, was er will."[48] *Symphonia*. Zusammenklingen. Ein gutes Orchester hört aufeinander. Wir klingen verschieden und doch gemeinsam. Und wenn jeder an seinem „Ton" arbeitet, sich von Gott gestalten lässt und damit den anderen in der Gemeinschaft dient, dann wird es ein ganz besonderer Klang. Ein Lobpreis im Himmel. Und ein Genuss vor dem Publikum dieser Welt: „Mach sie eins, dass die Welt erkennt, dass du mich gesandt hast." Es geht nicht um eine Aufführung hinter geschlossenen Türen. Diese Einheit strahlt in diese Welt als Zeugnis, dass wir zu Jesus gehören. Ein Klang ihm zur Ehre.

Gemeinsames Atmen beim Danke-Raclette-Essen

Am vergangenen Wochenende hatten wir unser jährliches Raclette-Essen mit den Bereichsleitern aus unserer Gemeinde. Heio hat es sich als Diakon zur Angewohnheit gemacht, diese verantwortlichen Mitarbeiter am Ende eines Jahres auf einen schönen Abend zu uns nach Hause einzuladen. Meistens fällt der Termin in die Adventszeit und ich bin erst mal gar nicht begeistert, dass zu den vielen Terminen und Weihnachtsfeiern nun noch ein weiterer dazukommt. Aber eigentlich finde ich es eine richtig gute Idee, unsere treuen Mitarbeiter zu feiern. Also bin ich mit am Start. Wir stellen die halbe Wohnung um, damit auch alle an einen Tisch passen, und während wir die Stühle hinstellen, beten wir für diejenigen, die an dem Abend darauf Platz nehmen werden. Dieses Jahr haben wir ziemlich intensiv gebetet. Wir wussten, dass einige gerade eine ziemlich schwierige Zeit durchmachen. Und ein bisschen hatte ich auch die Befürchtung, dass die Stimmung dadurch im Keller sein könnte, obwohl wir doch eigentlich feiern wollen. Aber uns war klar: Es soll Platz für Freude und Dankbarkeit sein, aber wir wollen auch den Schmerz nicht unter den Tisch kehren, sondern versuchen, ihn irgendwie miteinander zu tragen. Wie das an diesem Abend geschehen sollte, wussten wir nicht genau. Aber wir baten Jesus um seine Hilfe.

Und dann kamen unsere Gäste und wir versammelten uns um den Tisch. Wir aßen, lachten und erzählten lustige Geschichten und füllten unsere Weingläser. Eine kleine Bildershow erinnerte uns an die kleinen und größeren Gemeindehöhepunkte im vergangenen Jahr. Danach leitete Heio mit ein paar kurzen Sätzen zum Lobpreis über. Er blickte auf die kleine Runde an unserer Tafel und meinte: „Wir wissen, dass es einigen von euch nicht gut geht. Wir sind traurig mit euch. Und andere von euch erleben viel Gutes und wir freuen uns mit euch. Wir kommen jetzt zu Jesus – jeder Einzelne, ganz unterschiedlich, aber auch gemeinsam, auch füreinander." Und dann erinnerte er uns daran, dass wir ein Leib sind. Dass der Arm nicht sagt: Egal ob sich der kleine Zeh angestoßen hat – mir geht's gut. Sondern: Wenn ein Glied leidet, leiden alle mit. Und das andere gilt auch: Wenn der Mund sich freut, weil er mit gutem Essen gefüllt wird, freut sich der Magen, die Geschmackssinne, ach, einfach der ganze Mensch. Beides ist in der Gemeinde Realität: Wir freuen uns miteinander und wir leiden auch miteinander. Wir gehören zusammen. Und nach einem kurzen Moment der Stille begannen wir zu singen:

Come Holy Spirit
and change the things that lay heavy on our hearts
and renew everything that tries to push us down
I wanna praise you in my darkest hour
no matter how I feel
I wanna praise you when I'm cold and I'm freezing[49]

(Übersetzt: Komm, Heiliger Geist, verändere die Dinge, die uns schwer auf dem Herzen liegen und erneuere alles, was uns niederdrücken will. Ich will dich in meiner dunkelsten Stunde preisen, egal, wie ich mich fühle, ich preise dich, wenn mir kalt ist und ich friere.)

Am Anfang kamen die Worte noch zaghaft und dann fingen wir an, kräftig, manche fast trotzig und unter Tränen, diese Worte zu singen. Es war wunderschön. Aus unseren Herzen kamen Schmerz, Dankbarkeit und Liebe. Und alles verschmolz zu EI-NEM Lobgesang. Es ist schwer, wirklich in Worte zu fassen, was wir an diesem Abend an unserer Tafel erlebt haben. **Wir holten gemeinsam Luft. Und wir atmeten Gott. Der Gott allen Trostes war mitten unter uns.** Und jeder Versuch, das näher zu beschreiben, würde das Ganze vielleicht auch kaputtmachen. Es war einfach so, dass wir plötzlich nicht mehr aufgeteilt waren in diejenigen, denen es gut oder schlecht ging – wir standen gemeinsam vor Gott. Martin Schleske beschrieb Lobpreis in der Gemeinde einmal als ein „gemeinsames Atmen"[50]. Ich glaube, so ungefähr war es. Wir holten gemeinsam Luft. Und wir atmeten Gott. Der Gott allen Trostes war mitten unter uns. Dadurch wurde der Schmerz für meine Geschwister nicht aufgelöst. Sie werden den mühsamen Weg gehen, sich durch Berge von Frust und Schmerz und Zweifel arbeiten. Und wir können eigentlich nur danebenstehen und für sie beten und ihnen immer wieder sagen: „Wir sehen euch! Wir denken bei unserem Morgengebet an euch und auch, wenn wir nachts wach liegen. Wir sind immer wieder richtig traurig mit euch und stellen uns dieselbe Fragen. ...“ Und zu denen, die sich freuen und bald noch mehr Grund zur Freude haben, sagen wir: „Wir sind dabei, wir feiern mit. Eure Freude ist auch Nahrung für unsere Seele!“

An diesem Abend habe ich eine Ahnung davon bekommen, was es bedeuten kann, wenn Gottes Geist uns eins macht. Immer wieder einmal erlebe ich so einen Moment, in dem wir es schaffen, von DEIN und MEIN wegzukommen, hin zu einem WIR und zu dem großen DU, das wir gemeinsam in Gott sind. Dann spüre ich das Strahlen Gottes über uns.

Ich weiß, dass die Realität in unseren Gemeinden oft weit davon entfernt ist. Und solche Abende, wie der bei uns im Wohnzimmer, sind auch bei uns noch eine ziemliche Ausnahme. Aber ich merke: Ganz langsam schafft es der Dirigent, uns gemeinsam zum Klingen zu bringen. Auch wenn es oft noch schräg und etwas kümmerlich klingt, weil wir immer wieder vergessen, aufeinander zu hören und wichtige Positionen nicht besetzt sind. Aber wir bleiben zusammen und wachsen in dieses Einssein hinein. Nicht weil wir so toll wären, sondern weil Jesus durch seinen Geist in uns sein Herzensanliegen vorantreibt.

Ganz langsam schafft es der Dirigent uns gemeinsam zum Klingen zu bringen.

Wovor mich deutsche Waffengesetze bewahren

Ganz oft, wenn in der Bibel das DU steht, ist eigentlich keine Einzelperson, sondern das Volk Gottes gemeint. Es ist gemeinsam unterwegs. So sind viele Verheißungen ein persönlicher Zuspruch, aber auch ein gemeinsames Geschenk. Und manche Verheißungen machen auch nur so Sinn. Paulus schreibt zum Beispiel an die Korinther, dass Gott uns nie mehr auflegt, als wir ertragen können.[51] Und an anderer Stelle schreibt er ihnen, dass Gott ihm selbst „über sein Vermögen" Lasten aufgelegt hat. Ich habe mich öfter gefragt, wie das zusammenpasst. Hat Paulus in seinem ersten Brief übertrieben und danach die Erfahrung gemacht, dass es eben doch nicht so ist? Dass Gott uns eben doch manchmal Dinge auferlegt, unter denen wir zusammenbrechen? Wenn ich sehe, was manche Menschen erleiden müssen, dann denke ich auch manchmal: Gott, da mutest du dem Menschen zu viel zu. Und dann habe ich die Pastorin Nadia Bolz-Weber über diese Bibelstelle im 1. Korintherbrief reden hören. Sie sagte, dass hier nicht gemeint ist: Gott legt uns keine Last auf, die wir nicht tragen können, sondern es ist gemeint: Gott legt uns keine Last auf, die wir nicht ZUSAMMEN tragen können. Es ist das WIR, der Zuspruch an unser gemeinschaftliches Leben (das für die Christen damals viel selbstverständlicher war als für uns heute). Und plötzlich macht das für mich Sinn. Nicht nur theoretisch! Wenn wir Dinge gemeinsam tragen, füreinander beten, dann höre ich immer wieder diese Rückmeldung: „Das Gebet von euch habe ich gespürt. Das hat so gut getan. Ich weiß nicht, wie ich sonst durch diese Zeit gekommen wäre." Und genau das erlebe ich selbst auch immer wieder.

Vor einiger Zeit quälten mich wochenlange Migräneattacken. Eigentlich wirken meine Medikamente sonst ganz gut und spätestens nach einer Woche geht es mir besser. Dieses Mal aber hat der Anfall einfach nicht aufgehört. Egal was ich versucht habe. Und ich habe gemerkt, dass der Punkt näher kam, an dem ich nicht mehr weiter konnte. Ich schimpfte über die strengen Waffengesetze in Deutschland und war kurz davor, meinen Kopf gegen die Wand zu knallen. Heio sah mich an und meinte nur: „Alles klar, ich mobilisiere die Gemeinde." Und das tat er dann. Er schrieb eine Rundmail an meine Freunde und an meine Weggefährten aus der Gemeinde. Innerhalb kürzester Zeit stiegen die Gebete, stellvertretend für meine Not, zum Himmel. Und obwohl der Schmerz noch ein paar weitere Tage andauerte: Plötzlich wurde es mir leichter. Ich weiß, das klingt vielleicht merkwürdig. Aber ich spürte mich getragen. Als wäre ich plötzlich nicht mehr allein im Kampf. Als würden mich meine Freunde vom Schlachtfeld tragen. Wenn ich mitten in einem Anfall bin, spüre ich Gottes Gegenwart nicht. Alles ist dunkel und die Verzweiflung zieht mich nach unten. Das einzige, was in dieses Dunkel dringt, ist das Gebet meiner Geschwister. Auch wenn ich es nicht erklären kann. Es trägt mich. So wie auch meine Geschwister das mir immer wieder rückmelden, wenn wir für sie beten. Und genau hier erleben wir etwas von diesem Einssein, für das Jesus gebetet hat. Wir stehen zusammen. Unsere Gebete tragen einander durch die dunklen Zeiten. Gott legt uns nicht mehr auf als das, was wir gemeinsam tragen können. Glaube ist ein großes WIR. Die Symphonie. Ein gemeinsamer Klang.

Unsere Gebete tragen einander durch die dunklen Zeiten. Gott legt uns nicht mehr auf als das, was wir gemeinsam tragen können.

Die Band kommt wieder zusammen

Ich bin keine große Musikerin. Eine ziemlich kurze Zeit in meinem Leben habe ich mich der Illusion hingegeben, einmal eine große Querflötenspielerin zu werden. Mein Flötenlehrer, ein richtiger Musiker und Dirigent, bescheinigte mir auch ein gewisses Talent und ich durfte ab und zu einen kleinen Part in seinem Orchester spielen. Jedes Mal fand ich es ziemlich überwältigend, Teil von diesem großen Klang zu sein. Aber nach einer gewissen Zeit sagte mir mein Lehrer: „Christina, wenn du jetzt nicht regelmäßig übst, dann kann ich dir nichts mehr beibringen! Und dein Ton wird auch nicht gut genug sein, um in einem Konzert zu spielen. Dann muss ich leider aufhören, dich zu unterrichten." Wahrscheinlich wollte er mich mit dieser klaren Ansage motivieren. Ich bin an diesem Punkt ausgestiegen. Ich wollte zwar gern Teil eines Orchesters sein, aber ich hatte ehrlich gesagt keinen Bock zu üben. Zu meiner Rechtfertigung: Ich war im Teenageralter und andere Dinge waren mir einfach wichtiger: Abhängen. Kitschromane lesen. Mit meinen Freundinnen Quatsch machen. Zum Beispiel. Ich wollte einfach nicht so viel in die Musik investieren. Ich habe den Platz im Orchester nicht mehr eingenommen. Leider.

Vielleicht geht es manchen von uns ähnlich, wenn wir an diese Symphonie denken, die eine Gemeinde sein kann: Wir würden gerne Teil dieses Klangs sein, aber es ist im Alltag auch ziemlich mühsam daran zu arbeiten (oder besser: Gott in uns arbeiten zu lassen). Und oft sind uns andere Dinge ja auch viel wichtiger. Also wählen wir den einfacheren Weg und setzen uns ins Publikum. Aber damit verpassen wir natürlich das Beste: Teil des Ganzen zu sein. Als Zuschauer nehmen wir oft eine kritische, distanzierte Haltung ein. **Der Platz im Publikum ist eigentlich für die Menschen, die Jesus noch nicht kennen. Du aber bist gerufen, dabei zu sein.** Wir können uns über die Fehler ärgern, die schiefen Töne oder den dünnen Klang. Wir denken uns: „Da fehlt mir einfach was!" und wollen uns schon leise davon machen, aber Gott tippt uns vielleicht auf die Schulter und sagt: „Hey, mein geliebtes Kind, du hast recht: Hier fehlt mir auch etwas. Weißt du, was es ist? Deine Stimme! Schau mal: Hier ist ein Platz für dich. Der Platz im Publikum ist eigentlich für die Menschen, die Jesus noch nicht kennen. Du aber bist gerufen, dabei zu sein." Was ich damit nicht meine ist, dass du die Ärmel hochkrempeln sollst, um etwas zu TUN, und wenn du zu müde bist, dann bist du draußen. Es geht um dein SEIN. Dass du uns an dem, was du bist, und auch mit allem, was du nicht sein kannst – deinem speziellen Klang! –, teilhaben lässt.

Pause machen und der Klang des Versuchens

Wir dürfen Pausen machen. Das gehört zur Musik sogar immer dazu. Mir fiel das total schwer. Einfach nur zu kommen und nichts zu tun. Aber ich war in einer Zeit meines Lebens so dermaßen erschöpft und von familiären Krisen gebeutelt, dass es nur zwei Möglichkeiten für mich gab: zu Hause zu bleiben oder zu kommen und NICHTS zu tun. Und ich musste lernen, nichts zu tun. Gott hat mir ein zweijähriges Mädchen aus unserer Gemeinde geschenkt, das mir auf den Schoß gehüpft ist, sobald ich die Gemeinderäume betrat (der Segen der Kinder!). Also saß ich da und tat nichts anderes, als sie zu halten. Und eigentlich hat sie mich gehalten. Sie hat mir beigebracht, wie wichtig es für unseren gemeinsamen Klang war, dass ich eine Pause gemacht habe. Ich tat nichts und war doch Teil des Orchesters. Meine Pause bedeutete nicht den Ausstieg. Meine Krise wurde „zur Berufung der Gemeinschaft"[52], wie Martin Schleske schreibt. Wenn der Glaube eine individuelle Sache wäre, eine Soloaufführung, wäre an diesem Punkt für längere Zeit Schluss gewesen. So aber habe ich erlebt, was es bedeutet,

Teil des Klangs zu sein, auch wenn ich eine Pause mache. Und das war und ist sehr heilend für mich. Und Gott nimmt auch nicht nur Profimusiker in seine Band. Er arbeitet mit Laien. Mit denen, die den Takt nicht halten können, und solchen, die sich schwer tun, Noten zu lesen. Alle sind willkommen, die bereit sind, es zu versuchen. Eine meiner Lieblingsgeschichten zur Gemeinde stammt von Philip Yancey: „Der Komponist Igor Strawinsky schrieb einmal ein neues Stück, das eine schwierige Violinpassage enthielt. Nach mehreren Wochen des Übens kam der Soloviolinist zu Strawinsky und sagte, er könne das Stück nicht spielen. Er habe sein Bestes gegeben, halte die Passage aber für zu schwierig, wenn nicht sogar für unspielbar. Strawinsky erwiderte: ‚Das verstehe ich. Was ich erreichen wollte, ist der Klang eines Menschen, der es zu spielen versucht!'"[53]

Yancey fügt die Vermutung hinzu, dass Gott vielleicht mit seiner Gemeinde etwas ähnliches im Sinn hat. Wenn wir in unsere Kirchen und Hauskreise und Gemeinschaften hineinhören, dann denke ich, dass wir genau das hören werden: den Klang des Versuchens! Und manchmal wird es uns die Tränen in die Augen treiben, weil es so schön klingt und manchmal wird es uns die

Wenn wir in unsere Kirchen hineinhören, dann denke ich, dass wir genau das hören werden: den Klang des Versuchens!

Tränen in die Augen treiben, weil es so schräg ist. Aber wir versuchen es miteinander. Wir haben das im Blick, was der große Herzenswunsch Jesu war und ist: dass wir eins sind. *Symphonia.* Wir üben zu Hause, bis die Nachbarn gegen die Wände klopfen, wir versuchen zusammen zu spielen, aufeinander zu hören, einander zu dienen und uns vom Dirigenten den richtigen Platz zeigen zu lassen. Und alle Augen sollten auf ihn gerichtet sein. Damit wir unseren Einsatz nicht verpassen. Damit wir den Rhythmus finden. Die Pausen einhalten. Und der Dirigent bringt uns bei, aufeinander zu achten. An den richtigen Stellen leiser zu werden, damit die kleine Piccoloflöte gehört werden kann, und dann bestimmen wieder die Pauken den Takt. Wir lernen langsam, den Klang des Einzelnen zu hören. Wir spielen nicht unsere eigenen Kompositionen, sondern wir lernen das gemeinsame Stück zu spielen. Wir versuchen, diejenigen zu umarmen, die traurig sind, und uns mit denen zu freuen, die einen Grund zu feiern haben. Es ist der Klang des Versuchens. Das ist alles, was wir haben. Aber ich denke, es wird genügen.

Das Publikum steht vor der Tür.
Öffnet die Konzerthallen,
verteilt die Einladungskarten.
Ready or not: Die Band wird spielen.
Und jemand muss es hören.
Egal, ob Klassik oder Punk.
Wir holen gemeinsam Luft.
Und dann machen wir Lobpreis.

14 Der Esstisch

Als [Jesus] ihnen gründlich erklären wollte, was
sein bevorstehender Tod bedeuten würde, gab er
ihnen keine theoretische Erklärung. Er gab ihnen
noch nicht mal eine Bibelstelle. Er gab ihnen eine
Mahlzeit.
N.T. Wright[54]

„Nehmt, esst."
„Während sie aber aßen, nahm Jesus Brot, segnete, brach und
gab es den Jüngern und sprach: Nehmt, esst, dies ist mein Leib!
Und er nahm einen Kelch, und dankte und gab ihnen den und
sprach: Trinkt alle daraus! Denn dies ist mein Blut des Bundes,
das für viele vergossen wird zur Vergebung der Sünden."
MATTHÄUS 26,26–28

Abschiedsessen

Wenn ich die Bibelstelle lese, in der Jesus sich mit seinen Jünger an den Tisch legt und von seiner Sehnsucht redet, die er
danach hatte, mit ihnen zusammen dieses Festessen zu genießen, bekomme ich einen Kloß im Hals. Weil er, im Gegensatz
zu den Jüngern, schon weiß, dass dies sein Abschiedsessen mit
ihnen ist. Innerhalb weniger Stunden wird er die heftigsten
Schmerzen durchleben und seine Jünger ihr krassestes Versa-

gen. Und hier genießt er es noch einmal, mit ihnen zu essen und ihnen das anzubieten, was sie in einigen Stunden dringend brauchen werden: Vergebung. Für seine geliebten, sündigen Kinder. Wieder sagt er ihnen Worte, die sie nicht verstehen. Man kann es förmlich spüren, wie sie mit großen Augen dasitzen, wie Jesus die vertrauten Worte des Passahmahls verlässt. Er blickt nicht mehr zurück auf die Befreiung aus der Sklaverei Ägyptens, er blickt darauf, was in wenigen Tagen geschehen wird, eine ganz neue Geschichte, deren Teil sie geworden sind. Jetzt geht es um die Befreiung von der Macht der Sünde und des Todes, die er, Jesus, als das perfekte Lamm Gottes mit seinem Tod einlösen würde. Das Jubeljahr,

Versammelt euch um die Tische, esst, trinkt und schmeckt etwas von diesem Geheimnis. das er zu Beginn seines Dienstes angekündigt hatte, sollte in wenigen Tagen wahr werden. Und er blickt ganz weit nach vorne zu dem Moment, an dem sie, alle vereint, in Gottes Reich wieder anstoßen würden. Bis dahin heißt der Auftrag: Nehmt und trinkt. Erinnert euch. Vergesst es nicht! Auch wenn ihr noch wenig davon versteht. Im Brot und Wein ist das Geheimnis eurer Erlösung. Versammelt euch um die Tische, esst, trinkt und schmeckt etwas von diesem Geheimnis, das dabei ist, unter euch zur Wirklichkeit zu werden.

Die Familientafel

Unsere Gemeinde besteht zurzeit zum größten Teil aus Familien mit kleinen Kindern. Das hatte bis vor kurzem zur Folge, dass nach dem Gottesdienst, der bei uns am späten Nachmittag beginnt, die Familien schnell nach Hause drängten, um vor der Bettzeit mit den Kindern noch zu Abend zu essen. Die wenigen Singles und kinderlosen Paare standen noch eine Zeit lang etwas verloren in den Räumen, bevor sie dann entweder alleine nach Hause gingen oder in eine Kneipe abzogen. Irgendwann hatten unsere Leiter die fantastische Idee eines gemeinsamen Abendessens. Nun sind es keine wirklich schönen Räume, in denen wir uns treffen. Es hat keine gut ausgestattete Küche – und nicht mal einen Backofen. Aber seit einiger Zeit schieben wir trotzdem nach dem offiziellen Abschluss des Gottesdienstes die Tische zusammen, holen unser mitgebrachtes Essen aus den Taschen und stellen es für alle auf den Tisch. Es ist immer genug da, auch für unsere Gäste. Und dann essen wir zusammen.

Nun soll es Menschen geben, für die Essen nicht so wichtig ist. Sie empfinden es als notwendigen Teil des Menschseins, ihrem Körper in regelmäßigen Abständen das richtige Maß an Kohlehydraten, Fetten und Eiweiß zukommen zu lassen (die Vitamintabletten nicht zu vergessen). Sie können anscheinend das Essen schon mal vergessen, wenn sie in Stress kommen. Diese Menschen sind mir sehr fremd. Ich LIEBE es, zu essen. Und wenn ich gestresst bin, vergesse ich das Essen nicht, sondern ich vergesse, mit dem Essen aufzuhören! Eigentlich bin ich immer hungrig. Und ich finde, es gibt nichts Schöneres, als entspannt mit Menschen um eine schöne Tafel zu sitzen und gemeinsam zu essen. Es muss nichts Besonderes sein. Kartoffeln mit Salz und Butter sind eine wunderbare Mahlzeit. Oder einfach ein Laib Brot und etwas Käse. Manchmal ist es das einfache Essen, das ich besonders genießen kann. Deshalb ist es wohl nicht erstaunlich, wenn ich an dieser Stelle bekenne: Das gemeinsame Essen ist meist einer meiner liebsten Momente im Gottesdienst. Hier haben wir Zeit, nochmal entspannt ein paar Worte zu wechseln, während die Kinder um den Tisch flitzen und wir hoffen, dass alle mit ihrem Leben davonkommen. Hier können wir einander einfach kurz in die Augen schauen und ein bisschen davon hören, was den anderen gerade beschäftigt. Manchmal sind es tiefe Gespräche, die in ein Gebet übergehen, aber ganz oft sind es auch leichte Themen, wie die Arbeit läuft, wie der Urlaub war oder wie gerade die Nächte mit den Kindern sind. Es sind Halbsätze, Seufzer, lustige Sprüche, manchmal alles wild durcheinander. Manchmal sind wir auch genervt vom Geschrei der Kinder oder von unserem Nebensitzer, manchmal sind wir müde und hoffen, dass wir heute nicht auch noch den Abwasch erledigen müssen, oder wir ärgern uns darüber, dass irgendjemand den guten Käse schon weggegessen hat. Es ist einfach ein ganz normales Familienessen. Und ich liebe es (hatte ich das schon erwähnt?).

An dieser Tafel regiert die Gnade

Ab und zu haben wir auch schon das Abendmahl integriert. Manchmal ganz bewusst mit den Einsegnungsworten Jesu, und manchmal steht einfach das übrige Brot und der Traubensaft mit auf dem Tisch. Ich weiß, für manche Christen ist das eine schwierige Vorstellung, bitte seid gnädig mit uns. Apropos Gnade: Neulich saß mir der kleine Sohn gegenüber und ich habe von der Kinderdienstmitarbeiterin erfahren, dass er ziemlich wild war und sie richtig gestresst hat. Das hat mich ziemlich aufgewühlt. Ich will nicht, dass andere wegen mir oder meinem Kind gestresst sind. Was mich betrifft, so schaffe ich es meist, keinen großen Stress zu machen und möglichst unkompliziert zu sein (die andere Seite von mir bekommt dann vor allem mein armer Mann zu spüren!). Was den wilden, kleinen Sohn betrifft, ist ein unkompliziertes Verhalten fast unmöglich. Einfach weil er ein Kind ist und weil er eben so ist, wie er ist. Ich kann mir ganz gut vorstellen, wie er an diesem Tag die armen Mitarbeiter gestresst hat, und will gerade Luft holen und ihn vor allen zurechtweisen (die anderen sollen ja auch sehen, dass ich eine strenge und konsequente Mutter bin! Ähm ...). Da bemerke ich, wie seine Hand zum Brot greift, das wir vom Abendmahl auf dem Tisch stehen haben. Er steckt es sich in den Mund und plötzlich trifft mich die Erkenntnis: Wir sind geliebte, sündige Kinder. Wir machen einander oft Stress und der eine oder andere mag innerlich bei unserem Anblick stöhnen. Aber es ändert nichts daran: Wir sind geliebt. Uns ist vergeben. Das Brot und der Wein, die wir einander reichen, erinnern uns an dieses große Geheimnis, an dem wir teilhaben dürfen. Es erinnert mich daran, dass wir Menschen sind, eine wilde Mischung aus Licht und Dunkel, Stärke und Schwachheit, Schönem und Hässlichem, Mut und Feigheit, Klugheit und großer Dummheit – und meistens ganz vieles auf einmal! In diesem Paradox leben wir. Ich kann so sein und ich kann auch ganz anders sein.

Das Brot und der Wein, die mir im Abendmahl gereicht werden, erinnern mich daran, dass mein Heiland mein Versöhner ist. Er schaut meine Widersprüche gnädig an, er ist bereit, mir zu vergeben und mit mir auf sein kommendes Reich anzustoßen – das ganz langsam und stetig auch in mir aufwächst. Und während wir kauen und schlucken, schauen wir uns gegenseitig in die Augen. Und mir wird klar, dass Jesus der Versöhner zwischen uns ist, immer wieder, in aller Widersprüchlichkeit. Ich empfange die Gnade und ich lerne, sie weiterzugeben. An meinen kleinen Sohn und an jeden anderen, dem ich begegne.

Ein warmes Essen für Großstädter

Ich habe von einer lutherischen Kirche in New York City gehört, die ihre Gottesdienste zu einem ausgedehnten Abendessen gemacht hat. Die „Dinner Church" trifft sich in einem Ladengeschäft, das man von außen für ein gemütliches Restaurant halten könnte. Wenn man den Gottesdienstraum betritt, hängt der Duft von selbstgemachtem Brot in der Luft und ein großer Topf mit Suppe brodelt auf dem Herd. In der Mitte ist eine gedeckte Tafel, an der jeder eingeladen ist, Platz zu nehmen. Der Gottesdienst beginnt mit einem Lobgesang, dann wird das Essen aufgetragen. Die Pastorin segnet das Brot und dann wird es von einem zum anderen mit den Worten Jesu weitergereicht: „Mein Leib, für dich gegeben. Erinnert euch." Und dann beginnt das gemeinsame Essen. Ein Bibeltext wird gelesen und eine kurze Predigt gehalten. Danach gibt es Raum, um eigene Erlebnisse, Gedanken und Geschichten zum Thema auszutauschen. Ein Tischgespräch. Familienessen. Zum Abschluss wird der Kelch durch die Reihen gegeben. „Erinnert euch, das Blut Jesu für dich vergossen." Ein Loblied wird gesungen und ein kleiner Nachtisch gegessen, bevor gemeinsam der Abwasch erledigt wird. Die Pastorin der Gemeinde sagt: „Wir feiern unseren Gottesdienst auf diese Art und Weise, weil die Menschen hungrig sind. Die New Yorker haben hungrige Mägen nach selbstgemachtem Essen und hungrige Seelen nach heiligen Texten und guten Gesprächen. Wir feiern unseren Gottesdienst, weil wir glauben, dass die Menschen nach Jesus Ausschau halten. Und wenn sie sich zusammen an diese Tafel setzen und das Brot miteinander brechen, dann erleben sie immer wieder, dass sie einen flüchtigen Blick auf Jesus werfen können. Sie erkennen Christus an ihrem Tisch."[55]

Überflüssig zu erwähnen, dass mir diese Gemeinde gefällt.

Und eigentlich ist das ja keine neue, abgefahrene Idee. Es ist eher back to the roots. Auch die ersten Christen waren vor allem dafür bekannt, dass sie sich gemeinsam in den Häusern um einen Tisch versammelt haben, das Brot brachen und miteinander gegessen haben. Manchmal muss man den Geschmack auf der Zunge haben, um sich zu erinnern. An die Vergebung. An das Geliebtsein. Und das ist einer der Gründe, warum ich die Kirche brauche: weil ich hungrig bin! In einer Welt, in der jeder seine eigene Suppe kocht und versucht, das größte Stück vom Braten abzubekommen, brauche ich eine liebevolle Einladung an einen gedeckten Tisch. Ich dürste nach jemandem, der mir sagt: Kommt, es ist angerichtet, alles ist bereitet! Ich muss die Gnade schmecken und trinken und daran erinnert werden, dass mir vergeben ist und ich mit meinem kleinen Sohn in Frieden gehen kann, egal wie viel Mühe wir anderen gemacht haben.

Manchmal muss man den Geschmack auf der Zunge haben, um sich zu erinnern. An die Vergebung. An das Geliebtsein.

Der Gott, der uns satt macht

Den Jüngern stand noch eine besondere Begegnung mit Jesus bevor. Der Auferstandene sollte sie am See treffen, als sie müde und mit leeren Herzen und Netzen an Land kamen. Unter all den machtvollen Worten, die man von einem Messias erwarten konnte, der gerade den Tod besiegt hatte, wählte Jesus diese: „Kommt her, Frühstück!" Ach, ich liebe Jesus! Gebratene Fische über einem wärmenden Feuer. Er weiß, was seine Jünger jetzt brauchen. Er füllt ihre hungrigen Mägen und wärmt ihre Herzen. Wie gerne hätte ich in dieser staunenden Gruppe gesessen, die sich um das Feuer versammelt hat.

Frederick Buechner schreibt dazu: „Lassen wir uns von Jesus stärken, wo er uns etwas von sich gibt: In einem Schluck Wein, einem Stück Brot, im Tanz der Sonnenstrahlen auf dem Wasser, im Gesicht der Menschen, die uns am meisten brauchen und im Gesicht derer, die wir am meisten brauchen. Im Geruch eines vorbereiteten Frühstücks über dem Holzfeuer. Wer weiß, wo wir ihn finden werden (...) Mein Gebet ist, dass wir ihn finden, alle von uns, und dass er uns ein wenig von seinem Leben in unsere Leere gibt und etwas von seinem Licht, das unser Dunkel zurückdrängt."[56]

In einer Zeit in meinem Leben, in der ich nicht regelmäßig in eine Kirche gegangen bin, habe ich manchmal das Abendmahl alleine zu Hause für mich gefeiert. Einfach weil ich gemerkt habe: Es fehlt mir. Und ich muss sagen: Es war okay, aber es war nicht wirklich dasselbe wie zusammen mit anderen. Wie es eine Freundin neulich zu mir gesagt hat: „Das Abendmahl nimmt man sich nicht selbst. Man empfängt es."

Das Abendmahl nimmt man sich nicht selbst. Man empfängt es. Ich strecke meine leeren Hände aus und öffne sie in der Erwartung, dass sie mir gefüllt werden.

Ich strecke meine leeren Hände aus und öffne sie in der Erwartung, dass sie mir gefüllt werden. Ich brauche es, dass mir der Kelch und das Brot gereicht werden, dass mir jemand in die Augen schaut, mich anlächelt und mir sagt: FÜR DICH gegeben. Ich möchte mich mit meinen Geschwistern ans knisternde Feuer setzen, den brennenden Rauch in den Augen, den Geschmack des Essens auf der Zunge, das mich an den erinnert, den ich liebe. Ich will seine sanfte, verborgene Gegenwart unter uns finden, die mich satt und zufrieden machen kann und auch denjenigen, der neben mir kaut und der mir den Rest der Woche über den Weg laufen wird. Ich brauche es, dass Jesus mir ein Mahl bereitet. Einen

Bissen. Einen Schluck. Und am besten an einer großen Tafel beim Familienessen.

Tischgebet

Kommt an den Tisch,
die ihr einen großen Glauben habt
und die ihr gern einen größeren hättet;
die ihr schon oft hier wart
und die ihr schon lange nicht mehr hier wart;
die ihr versucht habt, Jesus nachzufolgen
und die ihr es nicht geschafft habt;
kommt.
Es ist Jesus Christus, der uns einlädt,
ihm hier zu begegnen.[57]

15 Die Nacht

Love is not a victory march
it's a cold and it's a broken Hallelujah.
Leonhard Cohen[58]

Es verließen ihn alle

„Und es verließen ihn alle und flohen. Und ein junger Mann, der ein Leinenhemd um den bloßen Leib geworfen hatte, folgte ihm, und sie ergreifen ihn. Er aber ließ das Leinenhemd fahren und floh nackt (...) Die Dabeistehenden [sagten zu] Petrus: Wahrhaftig, du bist einer von ihnen, denn du bist auch ein Galiläer. Er aber fing an, sich zu verfluchen und zu schwören: Ich kenne diesen Menschen nicht, von dem ihr redet! Und sogleich krähte zum zweiten Mal der Hahn. Und Petrus gedachte des Wortes, wie Jesus zu ihm gesagt hatte: Ehe der Hahn zweimal kräht, wirst du mich dreimal verleugnen. Und er begann zu weinen."

MARKUS 14,50–52.70–72

Die Schrecken der Nacht

Das war die Nacht der Nächte für die Jünger Jesu. Sie mussten mit ansehen, wie ihr geliebter Rabbi, der Messias, sich verhaften ließ, ohne eine Spur von Gegenwehr. Eben saßen sie noch mit ihm zusammen, den Geschmack von Brot und Wein noch auf den Lippen, und nun flohen sie in Angst und Schrecken um ihr Leben. Nackt. Fluchend. Wilde Verleugnungen ausstoßend. Zitternd und tränenüberströmt. Da war keiner, der heldenhaft das Scheitern umgangen hätte. Kein Einziger. An diesen Punkt der Nachfolge waren sie alle gemeinsam gekommen. Sie erlebten die Nacht, in der sie scheiterten. In der alle ihre Erwartungen starben. In der alle Illusionen zerbrachen. In der sie den nackten Tatsachen in die Augen schauten, dass Jesus, ihr Messias, auf dem Weg war zu sterben. Und damit waren sie vermeintlich auch am Ende ihres Wegs angekommen. Sie flohen und rannten ins schützende Dunkel der Nacht. Nichts schien jetzt mehr Sinn zu ergeben. Sie hatten das Licht verloren. Petrus, der zukünftige Fels der Gemeinde, bröckelte und fiel in sich zusammen wie eine Gipswand. Er wärmte sich am Feuer, allerdings kein Feuer, das Jesus für ihn angezündet hätte. Wenn Jesus fern ist und es in uns so dunkel wird, dann wärmen wir uns meist an fremdem Feuer. Voller Heimweh. Voller Verzweiflung. Mit finsteren Worten auf den Lippen. Manchmal frage ich mich, ob diese Leute, die in dieser Nacht mit Petrus am Feuer standen und Zeugen seiner schwächsten Stunden waren, ihm später noch einmal begegnet sind. Vielleicht hörten sie von der wachsenden Gemeinde in Jerusalem, von den mutigen Predigten des Petrus und sagten verächtlich: „Über den Typen kann ich euch aber ganz was anderes erzählen!" Und sie können eine Geschichte des Versagens auspacken. Und sie ist wahr. Es gibt immer Menschen, die Zeugen unseres Versagens waren, die etwas von unserem Dunkel miterlebt haben. Ihre Zeugnisse sind nur ein Teil der Geschichte. Aber dieser Teil gehört dazu. Von dieser Nacht an gehört auch das Scheitern zur Geschichte der Jünger. Und über diese Nacht könnten (und sollten!) Bücher geschrieben werden. Aber ich will sie einfach zu dem Mosaik dazulegen, das zur Geschichte der Kirche gehört, zu meiner eigenen Geschichte. Wenn wir Jesus nachfolgen, werden wir in diese Nacht geraten. Wir können uns einen Weg um das Dunkel suchen. Aber auf Dauer werden wir ihm nicht ausweichen können. Nicht dem Dunkel und nicht dem Scheitern in uns. Und auch nicht dem Dunkel und dem Scheitern, das zwischen uns und den anderen liegt. Jede Gemeinschaft, mag sie auch noch so wunderbar sein, wird dahinkommen. Früher oder später. Und wir sollten dann nicht meinen, uns passiere gerade etwas Außergewöhnliches. Wie es der mittlerweile verstorbene lutherische Pastor Klaus Vollmer, der meinen Glaubensweg sehr geprägt hat, einmal in einer Predigt ausdrückte: „Ein Mensch kommt nicht daran vorbei, in seinem Leben zu scheitern. Gott ist nicht, wie ich denke. Da ist Enttäuschung und ein Erwachen aus Träumen, die endgültig vorbei sind."

Wie wir unsere coole Gemeinde an die Wand fuhren

Ich will euch etwas von dem Dunkel unserer Gemeinde berichten. Von unserem Scheitern. Davon, wie wir unsere Gemeinde an die Wand fuhren. Ich will versuchen, unsere Nacht zu schildern, so wie ich sie erlebt habe. Über 15 Jahre lang waren wir nun zusammen unterwegs. Wir hatten einige Krisen zusammen durchlebt, über Gottes Größe gestaunt, wir wuchsen miteinander von den jungen Wilden zu einigermaßen verantwortlichen Erwachsenen, wir wollten ein tolles Programm am Laufen halten und scheiterten zunehmend an unseren eigenen Ansprüchen. Es tauchten Probleme auf, die uns überforderten und zwischenmenschliche Konflikte, die wie Sand im Getriebe waren. Irgendwann krachten wir, die Leute, die unser Programm am Laufen hielten, zusammen. Vielleicht weil wir müde waren und dringend eine Pause brauchten. Oder weil wir einfach keine Kulissen aufrechterhalten wollten, wenn aus ihnen nicht irgendwann Jesus zum Vorschein kam. Vielleicht hatten sich auch einfach zu viele andere still in die letzte Reihe zurückgezogen. Aus Enttäuschung, weil ihre Stimme nicht gebraucht wurde, oder weil es bequemer war oder weil das Leben sie so dermaßen gebeutelt hatte, dass sie an unserem Mikro nichts mehr sagen wollten. Vielleicht war es von allem etwas. Immer mehr Leute blieben enttäuscht und verletzt weg, was wiederum viele von uns verletzt und enttäuscht zurückließ. Wir wollten die Subkulturen für Jesus gewinnen und wir waren letztlich kläglich gescheitert. Wir versuchten, das Konzept zu ändern, schalteten innerhalb kurzer Zeit von einer gottesdienstzentrierten Gemeinde auf kleine Hauskirchen um, aber der Zerfall war nicht aufzuhalten. Die letzten Leiter, die noch tapfer versucht hatten, etwas zu verändern, gaben auf. Wir hatten so vieles probiert. Hatten Hilfe von wunderbaren Mentoren. Aber am Ende landeten wir an diesem Punkt. Noch einmal versuchten wir, auf einer Gemeindefreizeit Dinge zu klären, in der Hoffnung auf einen Neuanfang. Wir sammelten unsere Eindrücke und Gedanken in kleinen Gruppen und ließen sie über den Beamer laufen. Am Ende gab selbst die Technik auf und der Satz, bei dem sie sich aufhängte, blieb an die Wand geworfen: „Es gibt die reale Möglichkeit, dass unsere Gemeinde bald nicht mehr existiert." Der anschließende Abend, der dafür gedacht war, sich auszusprechen und den Kummer vor Gott auszuschütten, hinterließ nur noch mehr Verwirrung. In dieser Nacht führten wir düstere Gespräche mit Weggefährten, die mit ihrem treuen Einsatz viel mitgetragen und am Laufen gehalten haben. Mit müden, traurigen Augen äußersten sie

Wir schalteten innerhalb kurzer Zeit von einer gottesdienstzentrierten Gemeinde auf kleine Hauskirchen um, aber der Zerfall war nicht aufzuhalten.

zum ersten Mal den Gedanken, die Gemeinde zu verlassen. Es kam mir so vor, als hätten wir beim Versuch aufzuräumen, die letzten tragenden Pfeiler eingerissen, und wir fanden uns vor einem Scherbenhaufen, den wir nicht mehr beseitigen konnten. Wie die Jünger in der Nacht fühlte ich unsere Gemeinschaft ins Dunkel geschleudert. Es war wie ein Zusammenbruch. Ein Burnout unserer Kirche. Andere mögen das nicht so dramatisch empfunden haben. Aber mir ging es so. Auf dieser Gemeindefreizeit gab es auch Hoffnungszeichen. Gott gibt uns immer Zeichen der Hoffnung, wenn wir genau hinschauen. Aber sie waren nicht so strahlend und für alle überzeugend, dass es uns aus dem Dunkel geholt hätte. Ich fuhr mit wundem Herz zurück in unseren Alltag und fragte mich, wie es weiterge-

Wir sangen zusammen „It's all about you Jesus", als wäre es eine Beschwörungsformel, mit der wir ihn herbeisingen konnten.

hen sollte. Wir trafen uns weiter. Wir wurden immer weniger Leute. Wir saßen in angemieteten Räumen, ohne festes Programm (was mir ungeheuer schwer fiel). Wir sangen zusammen „It's all about you Jesus", als wäre es eine Beschwörungsformel, mit der wir ihn herbeisingen konnten. Wir hofften, dass Jesus auftauchen und sein Anblick uns alle wieder lebendig und froh machen würde. Aber er tauchte nicht auf. Zumindest nicht so, wie wir uns das gewünscht hätten. Der Satz, der auf unserer Gemeindefreizeit vor unseren Augen stehengeblieben war, schien Wirklichkeit zu werden.

Und plötzlich wurde es still.

Da, wo vorher laute Musik war, große Worte und fordernde Gebete breitete sich das Schweigen aus. Es fühlte sich an, wie das Weizenkorn, das in die Erde fällt. Ein kleiner Rest, den wir in die dunkle Erde fallen ließen mit der Frage, ob daraus jemals wieder etwas wachsen würde.

Manchmal frage ich mich, ob wir so viel Lärm und Worte machen, weil wir Angst haben, dass am Ende die Sache mit Jesus doch nicht das ist, was wir uns erhofft haben. Und wir wagen die Stille nicht, weil sie uns traurig machen könnte, wie eine leere Hütte, die wir von Weitem für unser Zuhause gehalten haben.

Wir treffen uns noch fast jeden Sonntag. Die Zahl derer, die regelmäßig kommen, ist zurzeit ungefähr bei zwölf. Zwölf Jünger und Jüngerinnen, die auf die Auferstehung warten. „Im Zusammenbruch reitet der Segen Gottes ein", höre ich Klaus Vollmer sagen. Und: „Gott gestaltet uns im Zerbrechen." Das sind unglaublich weise Worte. Aber sie im Alltag durchzubuchstabieren, ist schwer. Der Zusammenbruch fühlt sich nicht wie ein Segen an. Und das Gestaltetwerden von Gott fühlt sich an, als würde er einen Haufen Ton nach einer langen Phase der filigranen Arbeit nehmen und wieder zu einem kleinen Klumpen zusammenklopfen. Man fragt sich, ob das Bisherige alles vergebens war. Ob das nun das Ende ist. Ob Gott sich einem anderen Kunstwerk zuwendet, ob er anderes Material sucht, mit dem er besser arbeiten kann als mit uns. Es fühlt sich so an, als wäre es das Ende der Geschichte, als würde man im Meer treiben und auch das letzte Stück Holz, an das man sich geklammert hat, nach unten sinken sehen. Und alles, was übrig bleibt, ist, sich mit ausgebreiteten Armen in die Fluten zu legen.

Fragen die man sich beim Untergehen stellt:
War das alles?
War es das alles wert?
War das der Schatten von einem Wal?

Wie viel tiefer kann man denn noch sinken?
Wenn das eine Jesusgeschichte sein soll, wo bleibt dann Jesus?

Beim Untergehen sollte man sich unten umschauen

Ich mag das Dunkel hier unten nicht. Im möchte am liebsten ganz schnell wieder nach oben und an der hellen Wasseroberfläche auftauchen. Aber es geht nicht. Wie für einen Taucher, der durch zu schnelles Nach-oben-Gleiten seine Atemwege zum Zerreißen bringen würde, ist es auch für mich nicht gut, zu schnell aufzusteigen. Gerade aus dem Dunkel der Kirche. Meiner Kirche. Ich schwimme durch die Wracks am Meeresboden. Ich weiß, das ist nicht ungefährlich. Aber es ist nötig. Weil sie mir einen Teil der Geschichte erzählen, die ich am liebsten ausklammern würde.

Neulich habe ich ein Buch über den Missbrauch der katholischen Priester in Irland gelesen. Fast routinemäßig haben sich katholische Geistliche des Kindesmissbrauchs schuldig gemacht. Und die Verantwortlichen haben geschwiegen. Haben die Priester stillschweigend versetzt. In die nächste Gemeinde. Zu den nächsten kleinen Jungs, für die der Ort des Glaubens, der ein Zufluchtsort für uns sein sollte, ein Ort der Qual wurde. Ich mag es mir kaum vorstellen. Es war schmerzhaft, durch die Kapitel zu lesen. Ich versuche, mir zu sagen, dass es ja nur Einzelne waren. Ja. Einzelne. Einzelne haben teilweise mehr als hundert Kinder missbraucht. In mir formen sich die Worte des Kindergebets: „Mache du durch Jesu Blut wieder allen Schaden gut." Wie kann Gott diesen Schaden wieder gut machen, der in seiner Kirche angerichtet wurde? Für wie viele Kinder wurde die frohe Botschaft, die wir zu verkünden haben, verknüpft mit der schrecklichsten Erfahrung ihres Lebens? Und ich denke an meine homosexuellen Freunde und Freundinnen. Nein. An diesem Punkt geht es mir nicht um theologische Diskussionen, die man auch gemeinsam und in Liebe führen kann. Es geht mir um die Frage, wie die Kirche mit Menschen umgeht, die sich falsch fühlen in einem System, das sich oft viel zu richtig fühlt. Ich denke an einen Sohn, der nie gewagt hat, seinen Eltern von seinen Empfindungen zu erzählen, der immer gehört hat: „Wir sind stolz auf dich, wir lieben dich und Gott liebt dich auch." Der darin aber auch gehört hat: Wenn du schwul bist, setzt das alles außer Kraft. Also wurde die Kirche ein dunkler Ort für ihn. Ich denke an die vielen jungen Menschen, die vor Verzweiflung keinen anderen Ausweg sahen, als ihrem Leben ein Ende zu machen. Ist es kindlich und dumm, wenn ich für uns alle bete: „Mache du durch Jesu Blut wieder allen Schaden gut."? Ich denke an die vielen Augenblicke in der Geschichte, in der die Kirche nicht geleuchtet hat, sondern ins Dunkel abgestiegen ist. Unsere alte Nachbarin hat uns lange aus ihrem Leben erzählt. Von ihrer Kriegserfahrung. Vom Tod des Vaters. Wie ihre alleinerziehende Mutter ums Überleben für sie und ihre Tochter gekämpft hat. „Da war niemand, der uns geholfen hätte", sagt sie uns. Traurig. Sie erzählte es ohne Selbstmitleid. Ich weiß, dass es genauso gewesen ist. Vorsichtig fragte Heio nach der Kirche, die direkt in der Nachbarschaft liegt. Sie winkte müde ab. Nein. In der Kirche hätten sie ganz laut „Heil Hitler" geschrien. Von da an ging ihre Mutter nicht mehr hin. Bis heute meidet sie diesen Ort. An dieser Stelle drängt es mich zu sagen, dass es auch andere gab. Ich will Menschen wie Dietrich Bonhoeffer und Pfarrer Wilhelm Busch anführen und damit schnell an die helle Wasseroberfläche wech-

Es geht mir um die Frage, wie die Kirche mit Menschen umgeht, die sich falsch fühlen in einem System, das sich oft viel zu richtig fühlt.

seln. Aber so einfach ist es nicht. Die Kirche, mit all ihrem Einfluss, mit allem, was sie einer verletzten, verführten Welt zu geben gehabt hätte, hat vor allem geschwiegen. Geschwiegen zu der Verführung. Selbst verführt. Ich denke an das große Dunkel, das geschah und das von unserem Land ausging. Kann man hier auch beten, mit zitternder Stimme, oder ist es eine Anmaßung: „Mache du durch Jesu Blut wieder allen Schaden gut."?

Ich tauche weiter. Durch Missbrauch von Gottes Namen, wenn es um Rechtfertigung für unser eigenes Handeln geht. Sein Wort, aus dem Zusammenhang gerissen, wurde zitiert, um weiter Sklaven zu halten, Kriege zu führen, Kinder zu schlagen und Frauen zu unterdrücken. Und es gibt leider immer noch viel Missbrauch von Gottes Namen für eigene Zwecke, um die eigene Meinung zu verteidigen und sich gegen andere heftig und lieblos abzugrenzen. Und ich sehe eine reiche Kirche, die doch so arm ist. Und oft auch so verführt ist von dem Geist der Zeit. Eine Kirche, die groß sein möchte und nach Macht, Einfluss und tollen Konzepten sucht, statt mutig klein zu werden, loszulassen und einfach Jesus zu suchen.

Ich sehe die Jünger in der Nacht. Sehe das Verhalten des Petrus, das den Menschen in der Zukunft immer auch ein Zeugnis über sein Versagen gab. Und ich weiß, dass es Menschen gibt, die über mich auch so ein Zeugnis haben. Dass der eine oder andere wegen mir die Kirche vielleicht auch nicht als Ort der frohen Botschaft in Erinnerung hat. Ich sehe das Dunkel in mir. **Ich bete mit allen anderen Sündern dieser Kirche: „Mache du durch Jesu Blut wieder allen Schaden gut."**

Ich kann nicht anders, als kindlich mit dieser Schuld umzugehen. Man möge es mir verzeihen. Intellektuell gibt es für mich keinen Weg da durch. Entschuldigungen wirken wie billige

Sonnenuntergangs-Spruch-Karten angesichts dieser Schuld. Die Worte nach außen fehlen mir. Sie werden verschluckt von dem Dunkel. Ich kann nur meine kindlichen Worte an Gott richten. Ich bete mit allen anderen Sündern dieser Kirche: „Mache du durch Jesu Blut wieder allen Schaden gut."

Und ich frage mich: Wie soll das gehen? Wie können manche Wunden, die sich in dieser Welt nicht mal ansatzweise verschließen können, heil werden? Wenn ich im Dunkel stehe, wenn ich dieses kindliche Gebet flüstere, kann ich das nur im Blick auf eine ewige, zukünftige Welt tun. Gib mir keinen Kitsch, wenn es um den Himmel geht. Gib mir Gerechtigkeit und Liebe, die heil macht. Ich will kein Gesülze, dass wir doch alle Kinder Gottes sind und am Ende Gott jeden in die ewige Seligkeit reinwinken wird wie ein seniler Opa, der einfach mit uns allen abfeiern will. Ich glaube, angesichts der Not der Welt wären diese Gedanken sträflich, es wären das Dunkel und Gott nicht ernst genommen.

In unserer Nacht: das Kreuz

Unser Glaube hat den Schrecken, dass wir, die wir zum Licht gerufen sind, die bestimmt sind zu leuchten und heil zu machen und zu befreien, auch Dunkelheit bringen können. Und Unheil. Das ist das Dunkel, das es auszuhalten gilt. Ich kann und will mich nicht mehr aus diesen Dingen rausreden. Wann immer Menschen mir die Kirchengeschichte um die Ohren hauen, wann immer sie mir ihre eigenen Wunden und Narben zeigen, die sie sich dort erworben haben, will ich lernen, still zu halten. Mich nicht zu rechtfertigen. Nicht schnell auf Distanz zu gehen. Es ist Teil meiner Familiengeschichte, der ich mich stellen will. Ich will das Dunkel aushalten. Die Nacht, in der wir, wie in keiner anderen, spüren, dass unsere Welt, dass die Kirche, dass ich selbst einen Erlöser brauche. Es ist das Dunkel, in dem wir lernen, nach Jesus zu rufen. Ich will mich an die Worte klammern, als wären sie das Rettungsseil, das mich aus der Tiefe nach oben ziehen kann: „Mache du durch Jesu Blut wieder allen Schaden gut." Es braucht das Blut Jesu, es braucht einen Gott, der sich das Herz auseinanderreißen lässt, der herabsteigt in unser tiefstes Dunkel. Ein fett grinsender Buddha hilft mir nicht in meinem Dunkel. Tut mir leid. Wenn man neben einigen Sterbebetten gestanden hat, dann ahnt man, was im Dunkel trägt und was nicht. Es braucht Golgatha. Mitten in der Nacht wird dieses Kreuz aufgerichtet. Das Symbol des Scheiterns. Ein sterbender Messias, das Angesicht schmerzverzerrt. Ins Dunkel der Gottesferne geschleudert. Das ist Gottes Antwort auf unser Dunkel. Es ist dieselbe Nacht. Mitten hinein in unsere Nacht, in unser Versagen, wurde ein Kreuz aufgerichtet. Gott gibt uns keine theologische Antwort, mit der wir über unser Scheitern hinwegkommen.

Über gestorbene Träume und enttäuschte Erwartungen. Über unsere Schuld und die Schuld der anderen. Er spricht keinen billigen Trost über unser Dunkel, über Schmerzen, die uns manchmal fast den Atem nehmen. Er stellt das Kreuz auf in der dunkelsten

Ein sterbender Messias, das Angesicht schmerzverzerrt. Ins Dunkel der Gottesferne geschleudert. Das ist Gottes Antwort auf unser Dunkel. Es ist dieselbe Nacht.

Nacht der Geschichte. Gott leidet und stirbt. Scheitert. Neben mir. Mit mir. Und anstelle von mir. Wie wir in Jesaja 53 lesen: „Unsere Leiden – er hat sie getragen, und unsere Schmerzen – er hat sie auf sich geladen. (...) Er war durchbohrt um unserer Vergehen willen (...). Die Strafe lag auf ihm zu unserm Frieden, und durch seine Striemen ist uns Heilung geworden."[59]

Wie dankbar, wie staunend und wenig begreifend stehe ich vor diesem Kreuz. Und ich sehe das Kreuz in unseren Kirchen nicht mehr als Zeichen des Scheiterns, sondern als Zeichen des Trostes in unserem Scheitern. Ein Gott, der damit gerechnet hat, dass wir es nicht auf die Reihe bekommen. Der Wunden heil macht durch sein Blut. Der Versöhner. Und wenn die Kirche anfängt, das Kreuz auszusortieren, dann muss sie mit dem Dunkel alleine klar kommen. Und das ist dann die Hölle. Weil kein Retter da wäre. Deshalb:

Kirche Jesu, bewahre dieses Kreuz.
Das große Geheimnis, das dir anvertraut ist.
Wenn die Schuld dich überwältigt,
wenn wir versagen,
wenn wir durch Schmerzen
und durch tiefsten Zerbruch gehen,
wenn wir zum Sterben gerufen werden,
dann strecke die Hand ins Dunkel,
ergreife das alte Holz.
Das ist der Halt in der Nacht.
Der Segen.
Lass alles los und halte fest,
leg dich zu seinen Füßen.
Suche den Blick des Gekreuzigten.
Und warte auf deinen Tagesanbruch.

16 Warten im Dunkel

Neues Leben beginnt im Dunkel. Ob es eine Saat in der Erde ist, ein Baby im Mutterleib oder Jesus im Grab: Es beginnt im Dunkel.

Barbara Brown Taylor[60]

„Friede euch!"

„Als es nun Abend war an jenem Tag, dem ersten der Woche, und die Türen, wo die Jünger waren, aus Furcht vor den Juden verschlossen waren, kam Jesus und trat in die Mitte und spricht zu ihnen: Friede euch!"

JOHANNES 20,19

Hinter verschlossenen Türen

Die Jünger blieben nach ihrer schlimmen Nacht nicht allein. Sie trafen sich wieder, auch wenn sie vielleicht nicht genau wussten, warum. Plötzlich waren sie zu einer Leidensgemeinschaft geworden, zu Menschen, die in ihrer Furcht, mit ihren Fragen und den Zweifeln im Herz nicht alleine bleiben wollten. Sie saßen gemeinsam hinter verschlossenen Türen. Beschämt, traurig und ohne einen Plan, wie es weitergehen könnte. Da war die erschütternde Nachricht vom Selbstmord des Judas. Vielleicht beichtete ihnen Petrus sein Versagen, das Verleugnen in der Nacht. Vielleicht stritten sie miteinander, machten sich

Vorwürfe, spielten die unverständlichen Ereignisse immer wieder durch. *Hätten wir doch, hätte ER doch ... Warum hat er denn nicht?* Vielleicht versuchten sie, sich an die Worte von Jesus zu erinnern, an seine Vorhersagen, dass es so kommen musste. Vielleicht war es ein Schwanken zwischen Hoffnung und Verzweiflung. Vielleicht hielten einmal die anderen Petrus zurück, als er mutlos sagte: „Das hat doch keinen Sinn, ich geh fischen!" Und ein anderes Mal hielt er vielleicht sie zurück und machte ihnen Mut: „Warten wir noch. Vielleicht geschieht doch noch etwas Gutes!" Was immer in dieser Zeit vor der Auferstehung zwischen ihnen geschah – wir wissen, dass sie zusammenblieben, mit allen Fragen, der Schuld, dem Schmerz und der Verzweiflung. Sie saßen zusammen im Dunkeln. Auch wenn sie nicht wirklich wussten, worauf genau sie warteten. Aber vielleicht war diese kleine Hoffnung da, dass die Geschichte noch nicht zu Ende war.

Warten am Fenster

Viele Bilder meiner Kindheit sind verschwommen und ich erinnere mich nur bruchstückhaft. Aber eine Erinnerung ist sehr präsent: Ich sitze im Dunkeln an unserem Wohnzimmerfenster und ich warte. Auf die Eltern, die unterwegs sind. Vielleicht auf einem Ausflug, auf einer Abendveranstaltung, vielleicht bei einem entfernten Arzt, den meine Mutter ab und zu konsultiert hat. Ich glaube, es war keine Situation, die sich sehr oft wiederholt hat, aber sie war so eindrücklich, dass es mich glauben lässt, meine halbe Kindheit bestand aus diesem Warten am Fenster. Manchmal wartete meine Schwester neben mir. Schlimm war es, wenn auch sie unterwegs war und ich alleine warten musste. Mit jedem Scheinwerfer, der die gegenüberliegende Hauswand schwach erhellte, packte mich die Hoffnung: Jetzt! Jetzt werden sie kommen! Und mit jedem Auto, das vorbeifuhr, sank mein Herz ein wenig mehr in sich zusammen. Der Blick zur Uhr sagte mir, dass sie eigentlich schon längst da sein müssten. Je weiter der Zeiger vorrückte und mit jedem Auto, das langsam vorüberfuhr, desto mehr schwand meine Hoffnung, dass meine Familie jemals zurückkommen würde. Ich sah die schrecklichsten Unfallbilder vor meinem inneren Auge und überlegte verzweifelt, bei welcher Familie aus unserem Bekannten- und Verwandtenkreis ich unterkommen würde. (Da ich ein ständig hungriges Kind war, fiel die Wahl auf meine Tante Christa, die so gut kochen konnte.) Als Pietistenkind kam mir natürlich auch der Gedanke, dass vielleicht die erste Auferstehung geschehen war, dass Jesus alle mitgenommen hatte und ich allein zurückgeblieben war. Ich tat für alles mögliche Buße, um doch noch mitzukommen. Und irgendwann war ich so müde vom Warten und den schrecklichen Vorstellungen, dass ich mir gar nicht mehr vorstellen konnte, dass meine Familie tatsächlich zurückkommen würde. Als endlich, endlich ein Auto um die Ecke kam und tatsächlich in unsere Einfahrt einbog, konnte ich es kaum glauben. Aber sie waren tatsächlich zurückgekommen.

Manchmal glaube ich, dass unser Warten auf Jesus meinem Warten am Fenster ähnelt. Wir sehen kleine Lichtkegel am Horizont und wir hoffen, dass er es ist. Und dann ist es wieder dunkel. Und immer wenn wir denken, er kommt nicht mehr, blitzt ein Hoffnungsstrahl am Himmel auf, der uns am Fenster hält. Also warten wir weiter. Und wir fragen uns, ob er uns vergessen hat. Ob wir unsere Adresse falsch angegeben haben oder ob wir etwas getan haben, das ihn davon abhält, zu uns zu kommen. Unser Glaube fühlt sich an wie die dünne Luft, die langsam aber stetig aus einem aufblasbaren Teil entweicht. Wir

Wir warten alleine, mit den Bruchstücken unserer Geschichten in der Hand. Aber wir warten auch gemeinsam. Diesen Gedanken finde ich sehr tröstlich. haben keine Ahnung, wie lange das Vertrauen noch reichen wird, wie lange wir auf unserem Posten durchhalten, und wir hoffen, Jesus kommt vorbei, bevor die Luft raus ist. Und die ganze Warterei macht uns so müde, dass wir uns fragen, ob wir irgendwann eingeschlafen sind und seine Ankunft vielleicht verpasst haben. Wir warten alleine, mit den Bruchstücken unserer Geschichten in der Hand und fragen uns, ob es eine Fortsetzung gibt oder nicht. Aber wir warten auch gemeinsam. Diesen Gedanken finde ich sehr tröstlich.

Gemeinsam warten wir auf die Auferstehung

Ich glaube, dieses gemeinsame Warten ist auch ein Teil unseres Wegs mit Jesus. Wir warten auf Heilung. Wir warten auf Trost. Wir teilen miteinander unsere Dunkelheit und warten auf ein hoffnungsvolles Wort. Die Kirche Jesu ist eine wartende Kirche. Um diese Wirklichkeit nicht zu vergessen, haben wir vier Wochen jedes Jahr im Kirchenkalender eingeplant: die Adventszeit. Advent = Ankunft. Wir erinnern uns daran, dass Jesus schon gekommen ist. Dass er sich ganz klein gemacht hat. „Das Wort wurde Fleisch." Er kam so klein, menschlich und anfassbar, dass man ihn fast wieder übersehen konnte. Jesus, mitten unter uns. Und wir erinnern uns daran, dass wir darauf warten, dass er wiederkommt. Mit all den Dingen im Gepäck, nach denen wir uns so sehnen. Advent erinnert mich an diese Spannung, in der wir leben: Er ist da und doch warten wir noch auf ihn. Er ist zu uns gekommen und doch warten wir darauf, dass er wiederkommt. Das Reich Gottes, das Jubeljahr ist angebrochen, aber wir warten darauf, dass es in seiner ganzen Fülle kommen wird.

Das Warten fällt mir nicht leicht. Ich werde schon ungeduldig, wenn mein Wasserkocher nicht schnell genug brodelt! Wir denken meistens, dass Wartezeiten vergeudete Zeiten sind. Und es gibt ja tatsächlich ein Warten, das ziemlich vergebens scheint: das Warten auf einen abgefahrenen Zug zum Beispiel, auf eine Ernte, für die nichts in den Boden gesät wurde, auf besseres Wetter in England oder dass Holland endlich mal Fußballweltmeister wird. Leider meist vergebenes Hoffen und Warten. Aber es gibt auch ein Warten, das sich lohnt. Es ist das Warten einer Schwangeren auf die Geburt oder auf eine Saat, die aufgeht. Das Warten auf ein gutes Essen, das in den Ofen geschoben wurde. Das Warten auf die Erfüllung einer Verheißung und auf den Freund, der versprochen hat wiederzukommen. Ob es uns immer so bewusst ist oder nicht: Wir warten, weil wir eine Verheißung haben. Wir warten darauf, dass mitten unter uns ein Weizenkorn aufwächst aus dem dunklen Boden, aus vertrockneter Erde. Wir warten mit wilder Hoffnung. Wir suchen die kleinen Anzeichen seiner Gegenwart.

Ob es uns immer so bewusst ist oder nicht: Wir warten, weil wir eine Verheißung haben.

Wir versuchen, einander die Hände zu halten, Wunden zu verbinden und wundern uns darüber, an welchen trockenen Stellen plötzlich Leben aufbrechen kann. Und wir warten auf den, der zurückkommen und alles neu machen wird.

Raum für Zweifel und Fragen

Dieses Warten gibt Raum für unsere Zweifel und Fragen. Für alle Bruchstücke unserer Geschichte. Für alle Wunden unserer Seele. Wir dürfen uns unsere Nöte anvertrauen, ohne dass wir eine schnelle Lösung finden müssen, ohne gleich ein Pflaster drüber zu kleben, weil uns der Anblick vielleicht unangenehm sein könnte. Ich habe oft den frommen Drang, schnell etwas zu TUN, Wunden zuzukleistern, bisschen heile-heile-Segen – statt Luft an die Wunde zu lassen, den Schmerz auszuhalten, Tränen und Fragen Raum zu geben. In den meisten Kirchen sitzen wir mit Blick auf das Kreuz, manchmal sogar auf den verwundeten Gekreuzigten selbst. Sollten wir da nicht mutig ertragen, wenn ein bisschen Blut auf die Kirchenbänke tropft und Menschen ihr Leid und ihre tiefste Verzweiflung bringen? Manchmal denken wir ja, wir müssten gleich eine Lösung parat haben. Ein Wort, eine theologische Erklärung. Für mich war es eine große Erleichterung, als ich endlich begriffen habe, dass das nicht meine Aufgabe ist, sondern dass es vor allem darum geht, die Not des anderen auszuhalten. Vielleicht kann ich an der einen oder anderen Stelle nicken und sagen: Ja, das kenne ich auch. Aber wir können einander auch einfach still die Hand drücken und den Schmerz und die Fragen aushalten und gemeinsam auf Jesus warten. Und manchmal bekommen wir für den anderen auch ein Wort, das wie eine heilende Salbe ist, wie ein Lichtstrahl hinein in das Dunkel. Manchmal können wir in den Geschichten anderer besser lesen als in unseren eigenen. Wir brauchen immer wieder unseren Bruder und die Schwester, die den Arm um unsere Schulter legen und uns zusagen können: „Gott kommt mit dir zum Ziel, deine Ge-

Manchmal können wir in den Geschichten anderer besser lesen als in unseren eigenen.

schichte ist noch nicht zu Ende! Er wird auftauchen, das glaube ich. Die Scheinwerfer, die seine Gegenwart ankündigen, huschen schon über die Seiten."

Ein bisschen stolz auf die Familie

Und hier merke ich, dass es auch einen Teil der Familiengeschichte gibt, auf den ich stolz bin. Ich bin stolz auf meine Geschwister, die durch die Jahrhunderte hindurch dem Dunkel nicht ausgewichen sind. Die bereit waren, mitten hinein in das Leiden der Welt zu gehen und Scheinwerfer der Hoffnung zu sein. Menschen, die es mit der Not der anderen aushalten konnten, und Menschen, die ihre eigene Schuld ehrlich bekannt haben. Wenn wir ein Familienalbum unserer Kirchengeschichte hätten, dann würde ich beim Durchblättern mit Stolz und Dankbarkeit auf den einen oder anderen zeigen und sagen: „Schau her, die gehören auch zu meiner Familie."

Ich bin stolz auf einen William Wilberforce, der die Sklaverei in den britischen Kolonien als Sünde angesprochen und zu ihrer Abschaffung beigetragen hat.

Ich bin stolz auf Martin Luther King und alle, die im Namen Jesu friedlich Schreckensherrschaften widerstanden haben.

Ich bin stolz auf Menschen wie John Elliot und auf die einfachen Handwerker der Herrnhuter Gemeinschaft, die ihr Leben dafür gegeben haben, dass Menschen in fernen Ländern die beste Botschaft der Welt hören können.

Ich bin stolz auf Corrie ten Boom, auf Nelson Mandela und Desmond Tutu, weil sie mich daran erinnern, dass Vergebung und Versöhnung über das größte Dunkel triumphieren können.

Ich bin stolz auf meine Geschwister der Bekennenden Kirche, die die Botschaft des Evangeliums bewahrt und damit dem

Nationalsozialismus widerstanden haben. Und ich bin stolz, dass die evangelische Kirche kurz nach dem Krieg, in dem viele in unserem Land die Schuld lieber weiter verschweigen wollten, im Oktober 1945 das Stuttgarter Schuldbekenntnis verfasste.

Ich bin stolz auf meinen furchtlosen Bruder, Brother Andrew, der sich von keinen Mauern aufhalten ließ, um hungrigen Menschen das Wort Gottes zu bringen und der sogar Terroristen das Evangelium verkündet.

Ich bin stolz auf Menschen wie Mutter Teresa, Shane Claiborne, Dr. Paul Brandt und auf jedes Krankenhaus, das im Namen Jesu gegründet und zu einem Ort der Heilung und Gnade für Verwundete und Verletzte wurde.

Ich bin stolz auf die Mitarbeiter von International Justice Mission, die heute gegen Menschenhandel und Sklaverei ihre Stimme erheben.

Ich bin stolz auf Schriftsteller wie Philip Yancey, Henri Nouwen, Adrian Plass und Anne Lamott, die ihr eigenes Dunkel nicht verschweigen und tröstende Worte für uns alle finden.

Ich bin stolz auf William Booth und seine Heilsarmee. Sie mögen schräge Lieder singen und ein wenig aus der Zeit gefallen wirken, aber sie teilen warme Suppe, ein Bett und die gute Nachricht für die Armen. Sie sind ganz unten zu finden, bei den Menschen, an denen die meisten von uns achtlos vorübergehen. Und damit sind sie auf Augenhöhe mit unserem Erlöser.

Und ich bin stolz auf jeden Nachfolger Jesu, der bereit ist, das Dunkel mit anderen auszuhalten, der etwas von Gottes großem, barmherzigen Vaterherz sichtbar macht in unserer Welt.

Ich bin stolz auf eine Kirche die sich klein machen kann, die Einfluss aufgibt, die eigene Schuld beim Namen nennen kann und sich mutig ins Dunkle begibt, weil sie es nicht als letztes Wort über der Welt akzeptieren kann.

Das letzte Wort oder ein Strichpunkt

Während des Schreibens fiel mir wieder einmal meine Unfähig-
keit auf, an der richtigen Stelle Satzzeichen zu setzten. (Wenn
es dem klugen Leser bis hierhin nicht aufgefallen ist, dann habe
ich das meiner wunderbaren Lektorin Anja Schäfer zu verdan-
ken und meinem Mann, der tapfer alle Entwürfe durchgear-
beitet und korrigiert hat. Danke an euch!!!) Mit Kommas tue
ich mich sehr schwer. Ich benutzte oft Halbsätze, setzte viel zu
viel in Klammern (weil ich immer noch mal etwas hinzufügen
will) und verwende auch das Ausrufezeichen viel zu inflationär!
Ganz selten verwende ich den Strichpunkt; er steht zwischen
zwei gleichrangigen Sätzen und trennt stärker als das Kom-
ma, aber schwächer als der Punkt. Ein Autor verwendet dieses
Zeichen auch dann, wenn er einen Satz beenden könnte, aber
gewählt hat, es nicht zu tun. Eine unerwartete Weiterführung
eines Satzes also, den man schon zu Ende glaubte. Langweilige Grammatik? Interessanterweise gibt es immer mehr junge
Leute, die sich das Zeichen auf den Arm tätowieren. Viele von
ihnen sind Teil des „Semicolon-Projekts"[61]. Der Strichpunkt
symbolisiert für sie eine persönliche Geschichte, mit der sie
kämpfen. Eine psychische Erkrankung, Suizid-Gedanken, eine
verlorene Liebe oder irgendeinen anderern krassen Einschnitt
in ihrem Leben. Und mit diesem Zeichen drücken sie aus, dass
sie die Hoffnung auf den zweiten Teil eines „Satzes" gewählt
haben, der eigentlich hätte zu Ende gehen können. Sie sagen:
Meine Geschichte ist noch nicht zu Ende; das letzte Wort ist
noch nicht gesprochen. Mir gefällt dieses Zeichen so gut. Es
ist die Hoffnung von uns allen, die das Dunkel kennen. Wir
warten darauf, dass der Autor unseres Lebens den zweiten Teil
hinzufügt. Auch bei Sätzen, die so endgültig klingen, dass eine
Fortsetzung fast unvorstellbar ist.

Ich habe ein paar Freunde aus meiner Gemeinde gefragt, ob sie mir ihre Semikolon-Sätze für dieses Buch anvertrauen würden. Hier sind sie, unsere Sätze (danke an euch!). Hinter jedem steckt also eine echte Geschichte. Ich schreibe die Sätze betend auf und in der gespannten Erwartung, wie Gott, der große Autor unseres Lebens, die Geschichte weiterschreibt. Denn eins glaube ich: Unsere Geschichten sind noch nicht zu Ende. Sie sind unter Gottes Hand im Werden ...

Egal, wie sehr ich es auch versucht habe,
ich schaffe es einfach nicht;

Ich bin völlig ausgebrannt und am Ende der Fahnenstange;

Ich bin eine geschiedene Frau;

Ich habe alles gegeben und Gott vertraut
und er scheint mich vergessen und verlassen zu haben;

Ich hätte so gerne geheiratet und Kinder bekommen;

Ich habe meine Ehe aufs Spiel gesetzt;

Ich habe meine Chance vertan;

Mein Freund ist gestorben;

;

Da tritt Jesus in ihre Mitte und sagt: Friede euch!

17 Die Auferstehung

You can never be too dead for resurrection!
U-Bahn-Graffiti[62]

„Frau, was weinst du?"

„Maria aber stand draußen bei der Gruft und weinte. (...) [Sie wandte] sich zurück und sieht Jesus da stehen; und sie wusste nicht, dass es Jesus war. Jesus spricht zu ihr: Frau, was weinst du? Wen suchst du? Sie, in der Meinung, es sei der Gärtner, spricht zu ihm: Herr, hast du ihn weggetragen, so sage mir, wo du ihn hingelegt hast! Und ich werde ihn wegholen. Jesus spricht zu ihr: Maria! Sie wendet sich um und spricht zu ihm auf Hebräisch: Rabbuni! - das heißt Lehrer. Jesus spricht zu ihr: Rühre mich nicht an! Denn ich bin noch nicht aufgefahren zum Vater. Geh aber hin zu meinen Brüdern und sprich zu ihnen: Ich fahre auf zu meinem Vater und eurem Vater und zu meinem Gott und eurem Gott. Maria Magdalena kommt und verkündet den Jüngern, dass sie den Herrn gesehen und er dies zu ihr gesagt habe."

JOHANNES 20,11.14–17

Der Gärtner

Ich liebe diese Geschichte, wie Jesus Maria vor dem Grab begegnet. Seine Jüngerin, die Frau, die Jesus erlebt hat, die von

Dämonen befreit wurde, die ihn in eine Duftwolke ihres kostbaren Parfüms gehüllt hat, das sie ihm über die Füße goss (Jesus muss ja tagelang danach noch nach Frauenduft gerochen haben!), diese Frau, die Jesus ihr neues Leben verdankt, ist in tiefster Trauer. Vielleicht hatte sie wie keine andere alles auf Jesus gesetzt. Ihr Herz und ihren Besitz hingegeben. Die Jünger konnten vielleicht wieder an ihre Netze zurück, für sie gab es keine Alternative mehr. Sie hatte die Liebe Jesu erlebt, wie konnte sie da wieder zurückkehren in ihr Leben als Prostituierte, das voller Scham und Selbstverachtung war?

Und da, am Ostermorgen, macht sie sich noch einmal auf, um Jesus zu salben, dieses Mal seinen toten Körper. Und sie ist die Erste, die dem Auferstandenen begegnen darf. Und sie erkennt ihn nicht. In der Annahme, dass es der Gärtner ist, fragt sie ihn, ob er Jesus vielleicht aus organisatorischen Gründen in ein anderes Grab gelegt hat. Nadia Bolz-Weber schreibt, dass der Grund, warum Maria zuerst dachte, es sei der Gärtner, vielleicht der war, dass Jesus noch etwas mitgenommen aussah. Immerhin hatte er seit über zwei Tagen im Grab gelegen. Keine Ahnung, warum sie ihn für den Gärtner gehalten hat, ob es Dreck unter seinen Fingernägeln war oder einfach seine hilfreiche Frage, ob er ihr helfen könne. Auf jeden Fall hat sie ihn erst mal mit einem ganz gewöhnlichen Angestellten der Stadt Jerusalem verwechselt. Das ist schon ziemlich erstaunlich. Den Jüngern aus Emmaus ging es ähnlich. Sie liefen eine lange Strecke neben Jesus her, hielten ihn für einen Reisenden, der überraschend wenig Ahnung von den aktuellen Themen hat, und brachten ihn auf den neusten Stand der Dinge. Auch als er seinen engsten Jüngerkreis am See Tiberias traf, hielten die ihn zuerst mal für einen einheimischen Frühaufsteher, der sich launig nach ihrem Fischfang erkundigte und ihnen ein paar Tipps gab, wie sie doch noch einen erfolgreichen Fang machen könnten. Der einzige Moment, in dem sie ihn sofort erkannten, war der, als er plötzlich, trotz der verschlossenen Türen, mitten unter ihnen stand, „Friede sei mit euch!" sagte und ihnen seine Nägelmale entgegenstreckte und seine durchbohrte Seite zeigte. Da heißt es: „Da wurden die Jünger froh, dass sie den Herrn sahen."[63] Okay, wenn jemand plötzlich durch die Wände kommt und uns seine Kreuzigungsmerkmale vor die Nase hält und „Friede sei mit euch!" sagt, dann könnte man tatsächlich davon ausgehen, dass es Jesus ist. Aber alles in allem scheint es so, dass Jesus nach seiner Auferstehung den Körper eines ziemlich unauffälligen Menschen gehabt hat. Erkannt haben seine Jünger ihn erst an kleinen Handlungen, die eine Erinnerung in ihnen wachriefen: an der Art, wie er für das Essen dankt und das Brot weiterreicht, an den Netzen, die dabei waren zu zerreißen („Moment mal, das haben wir doch schon einmal erlebt?!"), an seinen Narben und dem „Friede sei mit euch!" und Maria erkannte ihn in dem Moment, als er ihren Namen aussprach, auf eine Art und Weise, wie nur Jesus das tat.

Und, um hier schnurgerade auf das Thema Kirche zuzusteuern, ich frage mich, ob wir den Auferstandenen unter uns oft genauso schwer erkennen wie die Jünger. Ob vieles nicht ebenso gewöhnlich und alltäglich ist und vielleicht sogar etwas mitgenommen daherkommt, sodass man nicht wirklich Jesus hinter der ganzen Sache vermutet.

Die Hoffnung der Welt

Ich muss dabei an eine Szene aus dem Film „Auferstanden"[64] denken. Darin wird der römische Militärtribun Clavius (gespielt von Joseph Fiennes) von Pilatus beauftragt, den Mythos der Auferstehung zu entlarven, um einen eventuellen Volksaufstand zu vermeiden. Auf seiner Spurensuche nach der verschwundenen Leiche Jesu begegnen ihm immer mehr Ungereimtheiten. Er begegnet den Jüngern und letztendlich sogar Jesus. Noch voller Zweifel begleitet er die Jünger zum See Tiberias. Unterwegs treffen sie auf einen Trupp römischer Soldaten, die den Auftrag haben, die Jünger gefangenzunehmen. In dieser beeindruckenden Szene stellt sich Clavius schützend vor die Jünger und sagt zu seinen Soldaten: „Lasst sie laufen. Du hälst die Welt in deinen Händen. Das musst Du wissen. Ich glaube, ihre Zukunft ist in diesen Männern." Die Soldaten blicken die ängstlichen, einfachen Gestalten an, die sich hinter ihrem Tribun verstecken (und nicht nur Bartholomäus wirkt in dem Film etwas zurückgeblieben). Man kann ihre Gedanken an den spöttisch ungläubigen Blicken der Soldaten ablesen: Was denn, DIESE Männer sollen die Zukunft der Welt sein? Du machst wohl Witze, Clavius! Ich weiß, das ist nur ein Film (wenn auch ein ziemlich guter, wie ich finde!). Aber genauso geht es mir manchmal, wenn ich mich sonntags in unseren Reihen umschaue. Ich denke: Jesus, das soll jetzt deine Truppe sein, dein Leib auf der Erde, durch den du dich verherrlichen wirst?! Das sind die Menschen, denen du die Hoffnung der Welt anvertraut hast? WIR? Ist das dein Ernst? Da hättest du dir doch eine etwas eindrucksvollere Gruppe aussuchen können. Ein bisschen was Strahlenderes. Ein bisschen Glanz und Glamour und ein paar VIPs, um die Welt davon überzeugen zu können, dass hier was Wichtiges passiert. (Über einen längeren Zeitraum haben meine Freunde und ich für die Bekehrung von Campino von den Toten Hosen gebetet. Ich dachte: Das wär was, wenn wir den in unserer Truppe hätten!)

Jesus, das soll jetzt deine Truppe sein, dein Leib auf der Erde, durch den du dich verherrlichen wirst?! WIR? Ist das dein Ernst?

Aber Jesus scheint völlig damit klarzukommen, einen etwas mitgenommenen Leib zu haben. Er, der „heruntergekommene" Gott. Paulus bekräftigt das ja auch in seinem ersten Brief an die Korinther: „Das Törichte (...) und das Schwache (...) und das Unedle der Welt und das Verachtete hat Gott auserwählt."[65] Hier verherrlicht er sich. Mit so gewöhnlichen und oft auch etwas merkwürdigen Menschen, wie wir es sind, baut er sein Reich. Und er taucht auf. Mitten unter uns. Wenn wir genau hinschauen, erkennen wir den Auferstandenen. Vielleicht begegnet er uns beim Brotbrechen in der Art, wie es mir von meinem Bruder gereicht wird: Für dich gegeben. Oder er überrascht uns mit so einer Geschichte von einem unmöglichen Fang, plötzlich wuselt etwas wie Leben in unsrem Herz, das wir wie ein leeres Netz müde in den Gottesdienst geschleppt haben. Oder wir finden ihn in lebendigen Worten, die uns sagen, dass wir uns nicht zu fürchten brauchen, weil er mit uns ist. Und manchmal tasten wir seine Wunden, indem wir unsere Wunden miteinander teilen. Oder uns trifft plötzlich die Erkenntnis, dass wir ihm Essen gereicht, ihn besucht haben und seiner Not begegnet sind in einem seiner geringsten Brüder. Und vielleicht hören wir in der Stille, wie er unsere Namen flüstert, auf die Art und Weise, wie nur er es tut. Der Auferstandene bewegt sich unter uns. Oft ganz unauffällig und so wenig zu fassen wie für die Jünger damals. Aber immer wieder werden uns die Augen geöffnet und wir erkennen ihn.

Der Untergang?

Während ich dieses Buch schreibe, habe ich nicht nur versucht, eine Geschichte auf die Seiten zu bringen, sondern nebenher hat sich die Geschichte meiner Gemeinde weiterentwickelt. Ich muss zugeben, dass ich ab und zu dachte: Jesus, wenn du nur ein bisschen Sinn für Dramatik und Höhepunkte am Ende der Geschichte hast, dann lässt du unsere Gemeinde im letzten Kapitel aufblühen. Das würde doch wirklich Hoffnung geben! Ein bisschen Werbung in eigener Sache sozusagen. Die den Lesern vor Augen führt: Es lohnt sich, bei der Stange zu bleiben oder mal wieder bei dem Familienclan vorbeizuschauen, weil es da nämlich sonst richtig was zu verpassen gibt. Ich habe Gott auch schon ein paar Vorschläge unterbreitet, wie das Ganze aussehen könnte. Aber leider ist er bisher nicht wirklich darauf eingegangen. Was dagegen im letzten Jahr in unserer kleinen Gemeinschaft passiert ist: Wir sind noch mal ein bisschen kleiner geworden. Noch mehr Leute haben sich entschieden, wegzubleiben oder seltener vorbeizuschauen. Der Umfang unserer Lobpreisbands ist auf ein bis zwei Leute geschrumpft. Einige würden gerne regelmäßiger kommen, sind aber psychisch stark angeschlagen. Ich würde sagen, man kann mit Fug und Recht behaupten, unsere Gemeinschaft zeigt eine ziemlich mitgenommene Braut Jesu.

Mit der Zeit hat sich dann bei mir die Hoffnung auf eine Erweckung fürs letzte Kapitel durch die leichte Panik ersetzt, die Gemeinde möge doch wenigstens bis zum Ende des Buches noch durchhalten und nicht vorher sterben. Auch wenn das natürlich nicht der Untergang der Kirche wäre (und ich mich schweren Herzens nach einem neuen Ort im Leib Jesu umschauen würde),

Fakt ist: Keine Erweckung auf den letzten Metern des Buches. Fakt ist aber auch: Es geschieht etwas unter uns.

wäre das trotzdem kein wirklich passendes Ende für das Buch, es sei denn der Titel würde umbenannt in „Der Untergang". Fakt ist: Keine Erweckung auf den letzten Metern des Buches. Fakt ist aber auch: Es geschieht etwas unter uns.

Boxkampf

Ich kann es am besten mit einem Bild erklären. Vor ziemlich langer Zeit war ich auf einer Jüngerschaftsschule in den USA und wir haben nach der Unterrichtsphase auch Einsätze in Südamerika gemacht, bei denen wir Theaterstücke aufführten, die das Evangelium erklären sollten. Leider durfte ich beim coolsten Stück nicht mitspielen (dafür war ich beim Tamburinschlagen dabei, aber dieses Bild vergessen wir einfach ganz schnell wieder!). Dieses spezielle Theaterstück wurde zum Lied „Champion" – also Sieger – von Carman geschrieben, einem Sänger, der in den Achtzigerjahren jede amerikanische Hausfrau verzücken konnte und in seinen Texten die Geschichten Jesu auf so eine geniale Art nacherzählt hat wie kaum ein anderer. In „The Champion" wird die Kreuzigung und Auferstehung wie ein Boxkampf beschrieben, der zwischen dem Teufel und Jesus stattfindet. Ich bitte alle theologischen Einwände kurz zurückzustellen, es ist nur ein Bild, okay? Also, Jesus liegt nach dem Boxkampf, der Kreuzigung, zerschunden am Boden. Die Dämonen toben und jubeln über den vermeintlichen Sieg (meine Schwester durfte einen Dämon spielen und das sah nach großem Spaß aus!) und dann betritt Gott den Ring. Der Teufel wendet sich ab, die Dämonen krümmen sich schmerzhaft. Jesus liegt, scheinbar völlig ausgeknockt und bewusstlos, am Boden. Und Gott beginnt mit dem Countdown: 10, 9, 8 ... Und während er runterzählt, beginnt der Körper Jesu ganz leicht zu zucken. Zuerst kaum wahrnehmbar. Seine Finger. Dann bewegt sich ein Arm. Die Dämonen geraten in Aufregung: Hat sich da etwas gerührt?! Das kann nicht sein! Und langsam werden die Bewegungen immer deutlicher. Es wird sichtbar, dass Jesus dabei ist aufzustehen. Als der Countdown bei Null endet, richtet sich Jesus neben dem Vater auf, die Feinde Gottes fliehen und Gott reißt den rechten Arm von Jesus nach oben, unter einem gewaltigen Siegesschall: „Satan ist defeated and JESUS IS THE CHAMPION!" (Satan ist vernichtet und Jesus ist der Sieger). Ich muss sagen, egal wie oft ich mir dieses Stück angesehen habe, diese Stelle hat mein Herz jedes Mal fast zum Explodieren gebracht vor Freude!

Kleine Lebenszeichen

Und genau dieses Bild, des zerschundenen, scheinbar besiegten Jesus am Boden, an dem man plötzlich kleine Bewegungen wahrnimmt ,während das Ende des Kampfes angezählt wird, steht mir vor Augen, wenn ich an den Zustand unserer Gemeinde denke. Und vielleicht ist es ja der Zustand von vielen Kirchen in der westlichen Welt. Von außen betrachtet, sieht vieles nach Sterben aus, während der Countdown läuft. Die Kirche verliert mehr und mehr an Einfluss. Sonntags sind in vielen Gottesdiensten erschreckend wenige Besucher. Und die Weltsituation kann einem auch den Mut nehmen. Angst und Terror, dazu globale Probleme, für die Politiker kaum noch Lösungen finden. Düstere Zukunftsvisionen, Kriege um Energiequellen, Klimaflüchtlinge und was weiß ich, was für ungeahnte Katastrophen noch dazukommen können. Aber es geschieht auch etwas anderes: Die Braut Jesu fängt an aufzuwachen. In anderen Kontinenten und Ländern ist es schon richtig sichtbar: Unter Verfolgung und großer Trübsal richtet sich eine strahlende Braut auf. In vielen muslimischen Ländern begegnen Menschen dem Auferstandenen in Träumen und Visionen. Etwas passiert. Auch bei uns. Auch in Stuttgart. Manchmal ist es noch kaum wahrnehmbar und fast nicht erkennbar mit bloßen Augen – und doch: Es gibt Zeichen, dass hier eine Auferstehung in Gang kommen könnte. Dass sich das Blatt wendet. Dass etwas unter uns geschieht. Jesus, der Auferstandene, macht sich bemerkbar. Ich erkenne die Zeichen seiner Gegenwart in meiner Gemeinde. Ich spüre, dass wir in der Armseligkeit, keine tolle Band mehr vorne stehen zu haben, in manchen Momenten für Jesus singen, gemeinsam, mit einer Inbrunst und Liebe, wie wir es bisher kaum getan haben. Ich höre einen Satz, mitten in der Predigt, **Es gibt Zeichen, dass hier eine Auferstehung in Gang kommen könnte. Jesus, der Auferstandene, macht sich bemerkbar.** der plötzlich mein Herz höher schlagen lässt, weil ich spüre: Jesus ist hier. Es sind keine großen Dinge. Aber immer häufiger legen wir die Arme umeinander und beten füreinander. Ganz spontan. Wir drücken uns nicht mehr so sehr vor unangenehmen Aufgaben, am Spülbecken steht ganz oft jemand mit einem Lächeln und nimmt mir den dreckigen Teller aus der Hand und in den Gesprächen kommt viel öfter der Name Jesus vor. Ohne dass es irgendwie erzwungen ist. Manche, die jahrelang am Rand standen und deren Stimme nicht gehört wurde, sind jetzt wertgeschätzt, ein wichtiger Teil vom Wir. Symphonie. Ein kleines Orchester. Aber es stimmt sich auf Jesus ein. Und wenn wir im Kreis stehen und das Abendmahl weiterreichen, dann schmecke ich in Brot und Wein die Hoffnung und die Zukunft, die wir haben. Und nach dem Amen spüre ich in meinem Herz (zu meiner eigenen Überraschung) das wachsende Verlangen, die frohe Botschaft von Jesus weiterzugeben.

Manche mögen Schultern zuckend fragen: Ist das alles? Das ist ja nicht wirklich beeindruckend. Sieht so eine Kirche aus, die einer leidenden Welt Hoffnung geben kann? Ich glaube, ja. So sieht die Saat des Reiches Gottes aus. Richard Rohr meint, dass wir nur insoweit Taten von Frieden und Gerechtigkeit hervorbringen, wie unser Leben selbst mit Frieden und Gerechtigkeit erfüllt ist. Und dann nehmen wir einfach unseren kleinen Platz ein in dem großartigen Plan Gottes. Es ist ein kleiner Teil in der großen Geschichte Gottes, den unsere Gemeinschaft schreibt. Wir erklären unser Leben zu einer „Gospelstory", einer Geschichte, die durch alles hindurch in Gottes Händen zur guten Nachricht für die Welt wird. Ich sehe ein Samenkorn, das wächst. Ich denke, hier wird gerade runtergezählt. Es kommt Leben in die Braut. Sie wird wachgeküsst. Am Ende wird sie siegreich und ohne Runzeln neben Jesus stehen. Paulus hat etwas von dieser Braut Jesu im Blick, wenn er im Epheserbrief kapitelweise von dem Geheimnis der Gemeinde schwärmt. Jesus wird sie schön lieben mit seiner hingebungsvollen Liebe und sie ist gereinig, heilig und sauber, ohne Flecken und ohne Runzeln.[66] Gott wird am Ende die Arme heben und der Ruf wird aus tausend Kehlen schallen, von denen, die es sehen konnten, und von denen die bis zuletzt gezweifelt haben: JESUS IS THE CHAMPION! Er ist der Sieger. Über Tod und Schrecken. Über das Dunkel der Welt und das Dunkel der Kirche. Und neben ihm steht seine Braut. Schön geliebt. Lebendig. Und sie hat nur Augen für ihn. Und das ist erst der Anfang der Geschichte.

18 Der Ort

Mein Glaube vollzieht sich auf eine greifbare Art.
Die Verkörperung des Evangeliums an einem echten
Ort, in einem realen Umfeld, mit greifbaren Men-
schen (...) Dieses Dabeibleiben, in allen Jahreszeiten,
wie sie kommen und gehen, lässt mich ein bisschen
mehr wie Jesus werden, den ich so unbändig liebe.
Sarah Bessey[67]

Alle an einem Ort zusammen
Da (...) stiegen sie hinauf in den Obersaal, wo sie sich aufzuhalten
pflegten: sowohl Petrus als Johannes und Jakobus und Andreas,
Philippus und Thomas, Bartholomäus und Matthäus, Jakobus,
der Sohn des Alphäus, und Simon, der Eiferer, und Judas, der
Sohn des Jakobus. Diese alle verharrten einmütig im Gebet mit
einigen Frauen und Maria, der Mutter Jesu, und mit seinen
Brüdern. (...) Und als der Tag des Pfingstfestes erfüllt war,
waren sie alle an einem Ort zusammen";
APOSTELGESCHICHTE 1,13–14;2,1

Die Geschichte beginnt

Hier ist sie wieder zusammen, die kleine Gruppe, die Jesus zu
Beginn zu sich gerufen hat. Die gleichen Namen, außer Judas.
Dafür sind jetzt einige Frauen fest dabei. Und hier beginnt

eigentlich erst so richtig IHRE Geschichte: die Geschichte der Apostel. Derer, die Jesus nachfolgen. Und ungefähr in Kapitel 1346 sind wir dann auch mit dabei. Wir sitzen an einem Ort zusammen und warten darauf, dass der Heilige Geist uns ganz neu erfüllt. Tag für Tag. Woche für Woche. Unsere Herzen sind löchrige Gefäße. Gemeinsam treffen wir uns. Gemeinsam warten, hoffen, glauben und lieben wir. Wir öffnen die Herzen und Hände und lassen uns jede Woche aufs Neue mit Gottes Geist erfüllen. Und nach dem letzten Gebet und dem Segen stellen wir unsere Kaffeetassen auf den Tisch und tragen das Evangelium an den Ort, an dem wir leben – auf die Marktplätze und Hinterhöfe unserer Welt.

Die Gefährten

Es gehört zu den besonderen Erinnerungen meiner Kindheit: Jeden Mittwochabend trugen wir die Stühle aus der gesamten Wohnung zusammen, abgenutzte Sessel wurden mit bunten Decken überworfen und neben das Sofa gestellt, um einen gemütlichen Stuhlkreis zu bilden. In der Küche wurden Kekspackungen geöffnet und auf dem Herd brodelte oft eine lecker riechende Weincreme. Kerzen wurden angezündet und eine erwartungsfrohe Stimmung breitete sich aus. Das erste Läuten war das Startzeichen. Unaufhörlich, wie mir schien, rannten meine Schwester und ich zum Eingang und begrüßten die Neuankömmlinge, bis das Wohnzimmer vollgepackt war mit lachenden, schwatzenden Menschen. Es war Hauskreisabend. Manchmal durfte ich mich mit meiner Schwester im Schlafanzug ein wenig dazusetzen. Es war immer der gleiche Ablauf: Zuerst erzählten sie ein wenig von den Erlebnissen ihrer Woche. Sie nahmen Anteil am Geschehen im Dorf und dem, was den Einzelnen gerade bewegte. Dann wurde ein Lied zusammen gesungen und danach las mein Papa mit ruhiger Stimme die Losung vor und sprach das Anfangsgebet. Sein Amen war das Startzeichen dafür, dass Bibeln und Notizbücher aus den Taschen gekramt wurden und man sprach gemeinsam über einen Bibeltext, den man unter der Woche zu Hause studiert hatte. Meistens wurden meine Schwester und ich an diesem Punkt ins Bett geschickt, wo wir flüsternd warteten und gegen den Schlaf kämpften, bis das Rumpeln und leise Lachen und Treppengepolter uns sagte, dass der Abend zu Ende ging. Dann kamen wir mit müden Augen aus dem Zimmer, aßen die Kekskrümel von den Tellern, durften auch mal von der Weincreme naschen und freuten uns an dem entspannten Gespräch der Eltern, die den Abend noch mal aufleben ließen. Wir genossen die gelöste Atmosphäre, die sich nach einem schönen Abend mit Gästen in der Wohnung wie eine warme Decke ausbreitet. Mein Vater zählte unter unseren staunenden Augen das Geld, das am Ende in der Opferbüchse gesammelt worden war (sie unterstützten als Hauskreis immer ein paar Missionare) und mit dem Gefühl, reich und satt und unglaublich müde zu sein, krochen wir dann wieder unter die Bettdecken, um endgültig einzuschlafen.

Einmal gab es große Aufregung. Wir hörten den Krankenwagen in unseren Hof einfahren. Unsere Eltern erklärten uns Kindern später, dass ein Mann mitten in der Gebetsgemeinschaft, nachdem er selbst gebetet hatte, seinen Kopf zur Seite gelegt hatte und in den Himmel zu Jesus gegangen war. Im Gesicht meiner Eltern erkannte ich den Schmerz darüber, aber irgendwie, so fand ich, war es auch der passende Ort, um sich in den Himmel zu verabschieden. Und es verband die junge Witwe noch mehr mit uns und dem kleinen Kreis von Menschen, die sich im Haus meiner Eltern treffen, seit ich denken kann.

Sie trafen sich auch noch, als ich auszog, um die große weite Welt zu erkunden, und sie waren noch da, als ich wiederkam. Ab und zu setzte ich mich dazu oder gestaltete einen eigenen Abend, an dem ich ihnen von meinen Glaubenserlebnissen erzählen durfte. Dass sie mir jungem Mädchen mit großem Interesse zugehört haben und mich nicht mit ihren jahrelangen Erfahrungen belehrt haben, habe ich erst viel später zu schätzen gelernt. Mit den Jahren wurde der Kreis immer kleiner. Eine der jüngsten Frauen starb nach langer Krebserkrankung, begleitet von vielen Gebeten und Besuchen ihres Hauskreises. Andere folgten ihr. Meine Mutter hat neben ihrem Telefon eine Adressliste ihrer vertrauten Menschen liegen und immer mehr sind durchgestrichen, weil sie die irdische Anschrift gegen eine ewige ausgetauscht haben. Als mein Vater dann schwer erkrankte und für viele der Weg zu uns zu mühsam wurde, trafen sie sich nicht mehr. Aber beendet war ihre Gemeinschaft damit nicht. Heute sind es noch eine Handvoll Frauen, die miteinander telefonieren und füreinander beten. Sie waren Lebensgefährten im reichsten Sinne dieses Wortes.

Es gibt alte Mammutbäume, die, wenn sie dicht nebeneinander stehen, jedem Sturm trotzen können. Man hat entdeckt, dass ein Teil ihrer großen Stabilität daher kommt, dass sich ihre Wurzeln miteinander verflochten haben. Der Hauskreis meiner Eltern hatte etwas von diesen Bäumen. Sie haben sich tief in Gottes Wort hineingegraben, Woche für Woche. Sie haben ihr Leben miteinander verwurzelt, in aller Unvollkommenheit, und gemeinsame Stürme ausgehalten. Haben wieder und wieder erlebt, wie sie an einem Ort zusammenkamen und ihre Herzen von Gottes Geist neu belebt und ermutigt wurde. Und im Kreis des gemeinsamen Gebets machte sich einer nach dem anderen auf den Weg in das himmlische Zuhause. Bald werden sie dort vollzählig sein. Vielleicht sind schon irgendwo im himmlischen Zuhause die Stühle zusammengestellt, um gemeinsam zu feiern.

Sehnsucht nach „meinem Ort"

Als junge Erwachsene schien mir der Hauskreis meiner Eltern oft wenig attraktiv. Ich selbst erlebte wilde und ansteckende Treffen, neben denen der stille Abend mit der Bibel auf dem Schoß eher armselig daherkam. Heute sehe ich aber genau darin einen großen Reichtum und ich spüre wieder das Besondere, das ich als Kind schon wahrgenommen habe.

In dem wunderbaren Roman „Hannah Coulter" lässt Wendell Berry eine alte Frau ihr Leben Revue passieren. Das Buch erzählt eine einfache amerikanische Geschichte in den Jahren des Zweiten Weltkriegs. Hannah berichtet vom Verlust ihres ersten Ehemanns, der Geburt ihres Kindes, einer zweiten Heirat, dem Aufbau einer Farm und einer Familie mitten in einer kleinen Gemeinschaft auf dem Land. Der Rhythmus der Natur bestimmt ihr einfaches Leben und die alte Hannah berichtet mit einer tiefen Dankbarkeit über Schönheit, Liebe und Verlust. Der klare Blick zurück lässt sie sagen: „Die Liebe, die wir in dieser Welt erleben, wächst nicht aus der dünnen Luft. Sie ist nicht etwas, das wir uns einfach ausdenken. Wie wir selbst wächst sie aus der Erde. Sie hat einen Körper und einen Ort."[68]

Ich habe dieses Buch unter Tränen gelesen, weil es eine tiefe Sehnsucht in mir aufgebrochen hat. Nicht unbedingt danach, einen Bauernhof zu bewirtschaften. Ich erwähnte zwar Heio gegenüber, dass ich gern mit ihm aufs Land ziehen würde, wo wir weder Strom noch Elektrizität hätten (oder ist das nicht dasselbe?) – was er nur mit einem liebevollen Lachen quittierte. Er kennt mich eben ganz gut und weiß, dass ich so ein Leben – ganz im Gegensatz zu ihm – wahrscheinlich nur ein paar Tage durchhalten würde, im Sommer. Nein, was mich beim Lesen gepackt hat, ist die Sehnsucht nach einem tief verwurzelten Leben, nach einer Gemeinschaft, die nicht flüchtig und vorübergehend ist, sondern die „mein Körper und mein Ort" ist. Ich möchte am Ende meines Lebens mit vertrauten Menschen zurückschauen auf unsere Tage, als würden wir durch ein altes Haus gehen, das vielleicht die nächste Generation abreißen wird, um etwas Neues zu bauen, aber wir haben unser Leben darin verbracht.

Ich möchte am Ende meines Lebens mit vertrauten Menschen zurückschauen auf unsere Tage, als würden wir durch ein altes Haus gehen.

Und ich habe den Verdacht, dass es nicht nur meine Sehnsucht ist. Vielleicht ist es eine ganze Generation, der vermittelt wurde, dass Individualität und das Ausleben der eigenen Träume und Möglichkeiten wichtig sind. Und darin liegt auch ein großes Geschenk. Aber wir haben auch etwas verloren, als wir uns gedankenlos aus jahrhundertealten Gemeinschaften gelöst haben und in Städte gezogen sind, in denen wir kaum noch unsere Nachbarn kennen, in denen wir immer wieder umziehen, in verschiedene Gemeinden gehen und gerne unverbindlich und unabhängig bleiben. Wir haben das verloren, was meine Eltern in ihrem einfachen Wohnzimmer Jahr für Jahr hatten. Liebe, die einen Körper und einen Ort bekommt.

Warum ich noch hingehe

Und damit will ich mein Buch beenden. Ich habe am Anfang geschrieben, dass ich darauf hoffe, Gold aus dem Feuer zu ziehen. Vor allem mich selbst davon zu überzeugen, dass es die Zeit und die Mühe Wert ist, „da noch hinzugehen". In der Gemeinschaft mit anderen zu bleiben. Ob mir das so richtig gelungen ist, weiß ich nicht. Ganz sicher habe ich einiges an Gold übersehen und mache wichtigen Geschichten überblättert. Das Buch hat keinesfalls den Anspruch auf Vollständigkeit. Und einige wichtige Stationen der Jünger mit Jesus habe ich unterschlagen. Es ist das, was ich im Moment für mich zusammenkratzen konnte. Ich hoffe sehr, dass noch viele Bücher zu diesem Thema geschrieben werden – erlebte Geschichten über das Weggehen und Wiederkommen und das Dennoch des Dabeibleibens. Jede Geschichte kann wichtiges Gold hinzufügen. Ich habe beim Aufschreiben jedenfalls genug für mich entdeckt, um zu sagen: Es ist die Sache wert. Ich sage das weniger im Brustton der Überzeugung als mit einer zunehmenden, stillen Ahnung. Und im Bewusstsein, dass ich weiter mit der ganzen Geschichte ringen werde. An den meisten Sonntagen tauche ich hinkend an „unserem Ort" auf. Wenn es darum geht, irgendwelche Posten zu besetzen, theologische Ansichten zu diskutieren oder Hilfseinsätze zu planen, bekommt meine Seele Schnappatmung und ich weiß nicht, ob mir jemals wieder die Luft dafür reichen wird. Aber vielleicht ist das auch nicht so schlimm. So wie Barbara Brown Taylor es beschreibt, habe ich lange Zeit versucht, alles richtig zu machen, und darüber das eine, das in meiner Macht steht, vergessen: zu entdecken, was es bedeutet, ganz menschlich und ganz lebendig zu sein.[69] Ich glaube, in der Gemeinschaft, die sich um Jesus sammelt, können wir genau das lernen. Durch das Dunkel zur Auferstehung. Immer wieder. An der Hand desjenigen, der den Weg aus dem Grab kennt. Vielleicht bedeutet das für den ein oder anderen von uns, allen Ballast abzuwerfen und sich zu sagen: Dabei sein ist alles! Denn das will ich: dabei sein! Weil ich so gerne Zeuge von den Dingen bin, die in der Nähe von Jesus passieren. Und deshalb möchte ich Wurzeln schlagen, in einem kleinen Teil des unvollkommenen Leib Jesu auf der Erde, weil ich glaube, dass ich „meinen Körper und meinen Ort" gefunden habe. Lebensgefährten. Mit denen ich gemeinsam immer wieder auf die lebendige Berührung des Heiligen Geistes warten möchte. Manchmal finde ich andere Körper attraktiver. Aber in diesem lebe ich. Manchmal denke ich, dass in einer anderen Gemeinde manches einfacher wäre, aber ich weiß, dass ich meine Gefährten vermissen würde. Keine Ahnung, was das Leben noch an Überraschungen bereithält. Manchmal muss man ja auch gezwungenermaßen einen Ort wechseln. Aber hier und heute hoffe ich von Herzen, dass ich mit meinen jetzigen Gefährten zusammenbleiben kann.

Unsere Leben sind wunderbar und gesegnet und schwierig und mühsam. Und ich denke, dasselbe gilt für die Familie Gottes, wo immer wir ein Teil davon sind: Das gemeinsame Leben ist wunderbar und gesegnet und auch schwierig und mühsam. Und ich möchte an diesem Leben teilhaben! Es sieht vielleicht ein wenig anders aus, aber eigentlich ist es dasselbe wie im Wohnzimmer meiner Eltern (und vielleicht sind beide Orte dem „Obersaal" der ersten Jünger sogar ein bisschen ähnlich): Wir legen zusammen, was wir haben, essen übrig gebliebene Kekskrümel und staunen über den Reichtum unter uns. Wir versuchen, auf Gott zu hören, die Welt mit ihren Nöten im Blick zu behal-

Jesus wird uns anstrahlen und sagen: „Gut gemacht. Ihr habt es zusammen geschafft. So habe ich mir das vorgestellt.

ten und Brot und Wein miteinander zu teilen. Wir wollen uns in unseren Stürmen beistehen und in dieser Gemeinschaft würde ich so gerne irgendwann den Kopf zur Seite legen und den Weg in mein himmlisches Zuhause antreten. Und dann werde ich hinter der Ziellinie warten, bis alle anderen ankommen. Mein Tribe. Die Mischpoke der Jesus Freaks Stuttgart. Dann machen wir das, was mein kleiner Sohn liebt: Wir geben uns einen „Family Hug" – eine feste Familienumarmung. Und Jesus wird in unserer Mitte sein. Er wird uns anstrahlen und sagen: „Gut gemacht. Ihr habt es zusammen geschafft. So habe ich mir das vorgestellt." Und dann wird er die Krümel vom Tisch und die letzten Tränen aus den Augen wischen und dann wird aufgetragen und gefeiert. Mit allen anderen zusammen. Die Mutter aller Feste. Die Braut und ihr Bräutigam sind endlich vereint.

Veni creator spiritus

Komm, lebendig machender Geist Gottes,
erwecke uns,
bring Leben in deine Braut,
zeig dein Herz durch sie,
wie sie unter den Armen und Unterdrückten
Feierlaune verbreitet,
wie sie fröhlich aussortiert,
das schönste Lied der Einheit auf den Lippen,
wie sie langsam heil wird und dir voller Freude dient,
wie sie von ihrem Geliebten schwärmt
und die beste Botschaft der Welt verkündet,
wie sie sich immer wieder aufs Neue
von ihrem Bräutigam überraschen lässt,
wie sie sich unterbrechen lässt und Augen nur für ihn hat,

wie sie ihre Schönheitsfehler nicht überdeckt
und sich lieben lässt, so wie sie ist,
wie sie im Dunkel auf die Ankunft ihres Geliebten wartet,
mit wild klopfendem Herzen und voller Vorfreude.

Beginne in uns,
klein und verheißungsvoll,
immer wieder neu
die große Geschichte der Erlösung.

Epilog

Jesus Freaks Stuttgart, Herbst 2016. Ein sorgfältig ausgewählter Ort. Wir treffen uns auf dem Parkplatz davor, einige Leute mehr, als wir erwartet hätten. Die Kinder bewundern eine kleine Spielzeugeisenbahn, die das Gartencenter nebenan auf seinem Gelände aufgebaut hat. Wir Erwachsenen stehen ein paar Meter weiter zusammen, an der Stelle, an der das Ufer den besten Zugang zum Fluss bietet. Eigentlich war Regen angekündigt, aber noch hält der Himmel sich zurück. Wir legen unsere Picknickdecken ans Ufer, jemand beginnt seine Gitarre zu stimmen, ein anderer bringt eine Leiter, um besser über die Böschung ins Wasser zu kommen – alles begleitet von neugierigen Blicken sonntäglicher Spaziergänger. Und dann kommt sie. Diejenige, deretwegen wir hier sind. Wunderschön sieht sie aus in ihrer weißen Bluse und Jeans, die Haare hochgesteckt mit ihrem Brautschmuck. Wir rücken näher zusammen, um ihre Geschichte zu hören. Die Geschichte der Erlösung. Eine Liebesgeschichte. Das hat sie hierher gebracht. Jetzt, so fand sie, war es an der Zeit, sich taufen zu lassen. Sie steigt ins Wasser, von einer engen Freundin und mir begleitet. Wir halten uns alle drei an den Händen, gehen ein paar Schritte und sind erstaunt, wie tief wir schon im Fluss stehen. Die Kinder kommen jetzt auch zum Ufer gerannt, weil sie spüren, dass hier etwas Spannendes geschieht. „Wir taufen dich im Namen des Vaters und des Sohnes und des Heiligen Geistes." Hinein in das Wasser.

Hinein in den Tod. Das Sterben Jesu. All das Alte, alles, was uns erzählen will, dass wir etwas anderes als seine geliebten Kinder sind, soll der Fluss mit sich nehmen. All die Verdammnis, die uns glaubhaft versichern will, dass der Tod das letzte Wort hat. Das letzte Wort spricht Jesus und es ist ein gewaltiges Wort, das er seiner Braut zusagt: „Du sollst leben!" Unter Jubel ziehen wir sie wieder aus dem Wasser.

Auf den Bildern sehe ich später, dass wir ihr die Hände hochreißen wie nach einem gewonnenen Kampf. Vielleicht ist es das ja auch. Hier wird ein Sieg gefeiert. Keine Frage. Tropfend steigen wir aus dem Wasser. Wir bilden einen Kreis, um sie zu segnen. Während wir unsere Worte laut oder in unseren Herzen sprechen, voll Glaube oder mit den eigenen Zweifeln verbunden, fängt der Regen an. Kein Regenguss, sondern eine gleichmäßig feine Dusche. Zarte Tropfen, die auf uns alle fallen. Ich denke an die Jesusgeschichte, in der eine Stimme aus dem Himmel kam, nachdem Jesus mit seinen Nachfolgern über sein Sterben geredet hatte. Manche interpretierten es schlicht als Donner. Manche meinten, darin die Stimme eines Engels gehört zu haben. Johannes schreibt, dass es die Stimme Gottes war, die sagte: Ich werde meinen Namen verherrlichen.[70]

Wir hören an diesem Sonntag keinen Donner. Keine Engelsbotschaften weit und breit. Es fällt nur ein sanfter Regen. Wir lachen und versuchen uns weiter aufs Beten zu konzentrieren. Ich sehe die Regentropfen im Brautschmuck glitzern und denke an die Hoffnung, die über der Braut Jesu steht: „Du sollst leben!" Was immer sich gegen sie stellt, was immer wir selbst auch dazu beitragen mögen, um sie zu beschmutzen: Die Pforten der Hölle werden sie nicht überwältigen.[71] Über ihrem Scheitern und im Dunkel der Geschichte flüstert der Bräutigam: „Du sollst leben." Er hat das letzte Wort über uns. Ich schließe die Augen und spüre den feinen Regen wie eine Verheißung. Sein Name wird sich verherrlichen.

Danke!

Ich danke dem Leser, der diese Reise mit mir angetreten und bis hierher durchgehalten hat. Danke für diese gemeinsame Zeit. Ich hoffe, wir sehen uns bei irgendeinem Familientreffen.

Und falls bei dem einen oder anderen Zweifel bestehen sollte, ob er zur Familie gehört: Es gibt eine Einladungskarte, auf der steht dein Name. Du gehörst an unsere Tafel. Mitten rein in diese große, wunderbare Liebesgeschichte. Herzlichste Einladung von Jesus. Ein Platz wird für dich freigehalten. Ich hoffe und bete, dass du ihn findest.

Diese SchriftstellerInnen haben mich berührt und herausgefordert und zum Schreiben über dieses Thema motiviert. Ich bin für ihre Bücher von Herzen dankbar:

Philip Yancey, Rachel Held Evans, Frederick Buechner, Henri Nouwen, Adrian Plass, Brennan Manning, Kathy Escobar, Shane Claiborne, Laure F. Winner, Nadia Bolz-Weber, Sarah Bessey, Dietrich Bonhoeffer und Martin Schleske.

Anmerkungen und Quellenverzeichnis

Alle verwendeten Bibelstellen sind entnommen aus: Revidierte Elberfelder Bibel (Rev. 26) © 1985/1991/2006, SCM-Verlag GmbH & Co. KG, Witten.

1   Veronika Smoor: Heiliger Alltag, SCM, Witten 2016, S. 26.

2   G. K. Chesterton: The Everlasting Man, EMP, New York 2012, S. 213.

3   Nadia Bolz-Weber: Ich finde Gott in den Dingen, die mich wütend machen. Pastorin der Ausgestoßenen. © Brendow, Verlag Moers 2015, S. 179.

4   Aus der Charta der Jesus Freaks Deutschland, Vision und Werte, 1. Satz.

5   Dietrich Bonhoeffer: Gemeinsames Leben, 3. Auflage, Evangelische Verlagsanstalt, Berlin 1962, S. 17.

6   Richard Foster: Nachfolge feiern, © 2017 SCM-Verlag GmbH & Co. KG, Witten, S. 166.

7   in: Brennan Manning: Größer als dein Herz, R. Brockhaus, Wuppertal 1998, S. 65.

8   Siehe auch: „Plowshares Movement" in der englischsprachigen Wikipedia.

9   Anzuschauen z. B. auf Youtube.com: „Wallstreet Money Drop with Shane Claiborne".

10 Sarah Bessey: Out of Sorts, Darton, Longman and Todd, London 2015, S. 206.

11 Rachel Held Evans: Searching For Sunday, Nelson, Nashville 2015, S. 39–40 (Übersetzung der Autorin).

12 1. Korinther 13,9.

13 Matthäus 3,2.

14 Eigene Übertragung. Nachzulesen in Lukas 10,27–29.

15 Aus dem Song „Anthem". Übersetzt: In allem ist ein Riss, nur so gelangt das Licht hinein.

16 Philip Yancey: Auf der Suche nach der perfekten Gemeinde. © Gerth Medien, Asslar, S. 59–60.

17 Manning, S. 19.

18 Zitiert in: Yancey, S. 43.

19 Bonhoeffer, S. 23.

20 Yancey, S. 78.

21 In: Yancey, S. 47.

22 Sie berichtet darüber in ihren Predigten und schreibt darüber z. B. in: Accidental Saints, Convergent, New York 2015.

23 Bonhoeffer, S. 31.

24 Frederick Buechner: Telling Secrets, HarperCollins, New York 1991, S. 102.

25 Frederick Buechner: Secrets in The Dark, HarperCollins, New York 2006, S. 61 (Übersetzung der Autorin).

26 Papst Franziskus: Die Freude des Evangeliums, Herder, Freiburg 2013, S. 297.

27 „Nächtlicher Gang", in: Rainer Maria Rilke: Die Gedichte, Insel, Leipzig 2006, S. 399.

28 Esther Maria Magnis: Gott braucht dich nicht, Rowohlt, Reinbek 2012, S. 223–224.

29 Siehe Epheser 3,7–10.

30 Mike Yaconelli: Der ungezähmte Glaube, © 2001 SCM-Verlag GmbH & Co. KG, Witten, S.19–20.

31 Yaconelli, S. 27.

32 Pete Greig: Dirty Glory, Hodder & Strughton, London 2016.

33 Adrian Plass: Warum ich Jesus folge. Das Glaubensbekenntnis des frommen Chaoten. © Brendow Verlag, Moers 2006, S. 41f.

34 Walter Brueggemann: Living Toward a Vision, United Church, New York 1987, S. 167.

35 Bonhoeffer, S. 84.

36 Ann Voskamp: The Broken Way, Grand Rapids, Zondervan 2016 (Übersetzung der Autorin).

37 Johannes 10,9.

38 Lauren Winner: Still, HarperCollins, New York 2012, S. 172.

39 Martin Schleske: Der Klang, Kösel, München 2010, S. 317f.

40 Bessey, S. 118.

41 Shane Claiborne zitierte diesen Spruch ohne Quellenhinweis in einer Predigt.

42 Rachel Held Evans: Blessed Are The Uncool, Blogpost unter www.rahelheldevans.com.

43 Rachel Held Evans: Searching For Sunday, Nelson, Nashville 2015, S. 112.

44 Yancey, S. 25.

45 Lauren Winner: Sabbat im Cafe, Gütersloher Verlagshaus, Gütersloh 2006.

46 Dieses Bild vom Souffleur verwendet auch Philip Yancey. in: Auf der Suche nach der perfekten Gemeinde.

47 Bessey, S. 117 (Übersetzung der Autorin).

48 Schleske, S. 312.

49 Songtext von Daniel Schweikert.

50 Schleske, S. 319.

51 1. Korinther 10,13.

52 Schleske, S. 315.

53 Yancey, S. 110.

54 N.T. Wright: Jesus. Verlag der Francke-Buchhandlung, Marburg 2013, S. 256.

55 St. Lydia Church, New York, Brooklyn, beschrieben auch in: Evans, S. 130–131.

56 Buechner: Secrets in the Dark, S. 243.

57 Shane Claiborne, Jonathan Wilson-Hartgrove und Enuma Okoro: Common Prayer – A Liturgy for Ordinary Radicals, Zondervan, Grand Rapids 2010, S. 564.

58 Aus dem Song „Hallelujah". Übersetzt: Die Liebe ist kein Siegeszug, sie ist ein kaltes, zerbrochenes Halleluja.

59 Jesaja 53,4–5

60 Barbara Brown Taylor: An Altar In The World, HarperOne, New York 2009, S. 38 (Übersetzung der Autorin).

61 www.projectsemicolon.com.

62 Für die Auferstehung kannst du niemals zu tot sein!

63 Johannes 20,20.

64 Originaltitel: „Risen", Spielfilm, USA 2015, Regie: Kevin Reynolds, Sony Pictures Filmverleih.

65 1. Korinther 1,27–28.

66 Epheser 5,26-27.

67 Bessey, S. 120 (Übersetzung der Autorin).

68 Wendell Berry: Hannah Coulter, Counterpoint, Berkeley 2004, S. 88.

69 Nach Barbara Brown Taylor: Leaving Church, Harper Collins Publisher, New York 2006, S. 127.

70 Johannes 12,28-29.

71 Matthäus 16,18.

Wir haben uns bemüht, alle Quellen ausfindig zu machen. Wo es uns nicht gelungen ist, sind wir dankbar für Hinweise.